GAGNER
CONFIANCE EN SOI

Tous les secrets pour se sentir bien
dans sa peau et oublier le regard des autres

Mat éditions

Imprimé par Amazon.

SOMMAIRE

Introduction

La faible estime de soi est l'un des phénomènes les plus courants dans le monde de la psychologie. Beaucoup en souffrent, mais peu savent ce qui peut être fait pour y remédier. Voici quelques méthodes simples pour vous aider à devenir plus confiant, car oui, c'est vraiment possible.

Pour inspirer confiance aux autres, il faut tout d'abord apprendre à avoir confiance en soi.

Les personnes sûres d'elles sont décisives sans être arrogantes ou défensives ; elles se présentent avec assurance, sont capables d'exprimer leurs opinions, de relever des défis, d'être légitimes dans les emplois qu'elles occupent et de prendre des décisions sensées, même sous pression.

Le développement de la confiance en soi commence dès l'enfance. Une parentalité surprotectrice ou autoritaire, par exemple, peut créer des enfants qui ne sont pas sûrs d'eux et qui sont ainsi mal préparés à assumer des responsabilités.

Au contraire, les parents qui permettent à leurs enfants d'exprimer leurs opinions et leurs désirs encouragent le développement de cette capacité de décider avec confiance.

À mesure que vous arrivez à l'âge adulte, cultiver la confiance en soi doit être un exercice constant, pour vous permettre de surmonter vos peurs et vos faiblesses. Par conséquent, l'estime de soi exerce une influence fondamentale sur notre vie en général.

S'aimer soi-même, croire que l'on peut et que l'on est aussi intelligent et compétent que les autres est essentiels au succès.

Cependant, la confiance en soi est extrêmement volatile. Au cours de la vie, nos expériences instillent dans nos esprits des monstres imaginaires qui peuvent miner la confiance en soi.

Les rejets, les pertes, les conflits, les crises et les erreurs peuvent changer nos vies selon la façon dont nous les affrontons.

Il existe des gens qui n'ont pas pu se relever après une défaite.

D'autres qui ont perdu espoir après avoir subi des pertes.

Certains jeunes sont devenus fragiles à la suite d'une humiliation publique ou parce qu'ils ne respectaient pas les normes médiatiques – quelquefois malsaines.

La complexité de l'esprit humain peut donc transformer une déception en un véritable désastre émotionnel.

Les personnes qui réussissent et qui ont confiance en elles ne sont pas des personnes privilégiées et n'ont pas non plus de caractéristiques génétiques supérieures.

Thomas Edison croyait que la réussite humaine est composée de 1 % d'inspiration et de 99 % de transpiration. En d'autres termes, il apparaît nécessaire d'entraîner sa résistance intellectuelle et émotionnelle pour traverser le territoire de la peur et surmonter les adversités, car elles surgiront toujours à un moment ou à un autre.

La vérité est que la plupart des gens n'ont pas encore appris les secrets pour utiliser leur esprit de manière positive et utile et qu'ils s'en servent uniquement de manière négative et destructrice.

Les médias nous lavent l'esprit avec des promesses de confiance inébranlable après l'acquisition de biens matériels. Ainsi, ils nous affirment que toute notre "confiance" viendra de l'extérieur et non de l'intérieur.

Nous devenons alors dépendants des choses et des gens pour ressentir du bien-être et cela génère une vie de frustration, car nous ne sommes jamais satisfaits de notre propre image. On veut toujours plus.

Heureusement, il existe un moyen de changer cela. Grâce à l'utilisation de stratégies psychologiques, nous pouvons reprogrammer notre esprit, en changeant radicalement notre façon de penser et d'agir.

Comment opérer cette transformation ?

La première étape est d'être prêt à prendre des risques. Faire des erreurs et prendre de mauvaises décisions est inévitable, mais à mesure que nous assumons notre droit à décider, nous révisons nos méthodes et gagnons en confiance en soi.

La prise de décision, comme toute technique à perfectionner, s'améliore à mesure que vous la pratiquez.

Plus vous prenez de décisions, plus vous vous rendez compte que vous contrôlez vraiment votre vie. Vous serez alors si désireux de relever les défis à venir que vous les verrez comme des opportunités d'obtenir de nouvelles distinctions et de faire passer votre vie au niveau supérieur.

Une autre mesure importante est de ne pas vous soumettre à des sentiments défaitistes. Se battre pour vos objectifs ne sera pas toujours chose facile, mais avec de la persévérance, il sera possible de les atteindre.

Malgré nos inévitables défauts, nous devons nous voir comme des perles uniques dans le théâtre de la vie et comprendre qu'il n'y a personne qui réussisse ou qui échoue. Ce qui existe, ce sont des gens qui se battent pour leurs rêves ou qui les abandonnent.

Ceux qui ont confiance en eux ne renoncent pas à leurs projets, au contraire, ils contaminent leur entourage pour que celui-ci croie en leurs rêves. Ils encouragent aussi leurs proches à croire en leurs propres rêves.

Bref, la confiance en soi est nécessaire dans tout ce que nous entreprenons. Dans une profession, dans nos relations ou dans toute autre situation, rien ne nous motivera davantage que notre propre conviction à croire que nous pouvons être quelqu'un ou que nous pouvons faire quelque chose.

Partie I -
ALLER À LA RENCONTRE DE SOI

L'être humain est un ensemble formé du corps physique, de l'esprit, des émotions et de « l'âme » ou de « l'esprit ». Tous ces éléments sont interdépendants et nous ne pouvons pas les comprendre séparément, car ils forment un tout.

Dans la société dans laquelle nous vivons, on nous dit que l'idéal est que ces trois éléments soient en équilibre. Cependant, nous constatons que la majorité de la population attache une grande importance à l'esprit et cultive le corps, mais cache et ignore les émotions.

La connaissance de soi – ou aller à la rencontre de soi –, c'est savoir comment agir et appréhender la vie quotidienne, pour connaître et comprendre notre perception devant certains de ses changements ou de son évolution.

Il s'agit de nous observer comme si nous étions une troisième entité. Pour ce faire, nous devons diriger notre attention sur nous-même, sans laisser le fait d'être nous-mêmes nous affaiblir.

Lorsque l'on décide d'entamer un chemin vers la connaissance de soi, il est courant de ressentir un certain malaise ou de sentir que nous devons opérer un changement – voire plusieurs.

En premier lieu, il faut regarder à l'intérieur de nous et passer en revue ces croyances que nous avons faites nôtres et dont nous remettons les fonctionnalités en question.

Ensuite, il faut revoir, améliorer ou transformer bon nombre de ces croyances, acquises familièrement et culturellement, tout au long de notre cycle de vie.

Ces croyances font partie de notre personnalité, de notre façon d'agir et de penser. À travers ce processus de connaissance de soi, nous allons revoir ces croyances et jeter tout ce qui ne nous est plus utile.

Gardez à l'esprit que pour savoir qui vous êtes et effectuer certains changements, il est nécessaire d'entamer un processus d'amélioration de votre identité.

Nous ne pouvons pas comprendre la connaissance de soi sans la psychologie positive. En d'autres termes, nous comprenons qu'une partie importante du processus de connaissance de soi se concentre sur la détection de ses forces personnelles.

Ce n'est que de cette manière que nous pourrons agir en cohérence avec nos forces pour les valoriser. Ce sera un premier processus d'acceptation envers nous-mêmes, dans lequel vous reconnaîtrez tous les outils dont vous disposez pour réaliser ce que vous avez décidé de faire.

Il faut garder à l'esprit que pour savoir où l'on veut aller, il faut d'abord savoir où et avec quelles pièces.

Pour ce faire, vous devez être conscient de vos faiblesses et de vos forces. C'est de cette manière que vous pourrez vous fixer des objectifs atteignables puisqu'ils seront en adéquation avec vos capacités.

Pour aller à la rencontre de soi, il est également essentiel que vous soyez conscient de vos propres limites. Sinon, vous passerez trop de temps à poursuivre des objectifs inatteignables ou trop difficiles, ce qui générera impuissance et malaise.

En revanche, si vous vous fixez des objectifs à court terme, en fonction de vos points forts, vous pourrez constater des progrès rapides et vous serez convaincu qu'avec de l'engagement et des efforts, vous pourrez y arriver.

Quelques clés pour se connaître :
La connaissance de soi fait partie d'un long processus. Mais vous pouvez commencer par répondre aux questions suivantes :

• **« Qui suis-je ? »**
Cela fait référence à la personne elle-même. Il s'agit de valoriser vos capacités, votre histoire de vie, vos sentiments et émotions, votre personnalité... Pour répondre à cette question, vous pouvez établir votre "Lifeline", dans laquelle il s'agit de décrire, dans l'ordre chronologique, les événements importants qui vous sont arrivés. Ensuite, à chacun de ces moments, écrivez quelles sont vos forces et vos faiblesses.

• **« Qu'est-ce que je veux ? »**
Cela fait référence à vos objectifs. Il est habituel que la raison de la consultation pour laquelle la personne vient ne soit pas l'objectif principal. Par conséquent, il est important que vous vous fixiez des objectifs réalistes et que vous puissiez vous engager dans cette voie.

• **« Pourquoi est-ce que je le veux ? »**
Cela fait référence à des valeurs. C'est-à-dire que les valeurs vous aideront à fixer vos objectifs en fonction de votre propre code moral. Ces valeurs donneront du sens à vos objectifs et vous permettront de prioriser l'un par rapport à l'autre.

Se connaître a de nombreux bienfaits pour la santé émotionnelle : vous pourrez principalement découvrir qui vous êtes, ce que vous aimez et comment y parvenir.

Vous apprendrez à reconnaître vos erreurs, vos points faibles, et à vous accorder un regard plus compatissant, à vous pardonner quand c'est nécessaire et à chercher à vous améliorer si besoin. Et surtout, vous pourrez vous donner l'opportunité d'être seul et de lâcher prise sur ces relations ou ces choses qui sont présentes dans votre vie et qui ne vous apportent pas vraiment grand-chose.

Alors, rappelez-vous qu'investir en vous-même, c'est investir dans votre santé mentale.

Donnez-vous l'opportunité de découvrir la personne merveilleuse que vous êtes devenue grâce à tout ce que vous avez vécu (y compris les erreurs) et tout ce que vous avez construit, et commencez à vous aimer, à l'intérieur comme à l'extérieur.

Vous le méritez !

Chapitre 1 -
Réaliser Une Introspection Sincère Et Juste

La connaissance de soi est essentielle pour pouvoir développer l'intelligence émotionnelle, un ensemble de compétences qui nous aideront à mieux profiter de notre vie et à avoir une existence plus complète et plus saine.

Pour mieux se connaître et apprendre à être plus heureux, il est important de faire un bon travail d'introspection.

L'introspection est la capacité à ressentir nos émotions et nos pensées les plus intimes, à vivre et à découvrir notre monde intérieur, afin de lui donner de l'espace pour que nous puissions l'écouter plus facilement.

A- Qu'est-ce que l'introspection personnelle ?

C'est le processus par lequel nous acquérons une sorte de conscience focalisée ou attentive de nos processus et contenus mentaux, beaucoup plus profonde que celle que nous leur accordons quotidiennement.

Ainsi, l'introspection est un processus mental par lequel la personne regarde à l'intérieur et est capable d'analyser ses propres expériences, c'est-à-dire qu'elle fait une auto-observation de ses processus de conscience, afin de mieux se connaître.

B- Qu'est-ce qu'une analyse introspective ?

Le processus d'introspection est complexe et nécessite un entraînement si l'on veut obtenir de bons résultats, en plus d'avoir une bonne attitude d'acceptation et de sincérité et de ne pas se laisser emporter par l'auto-tromperie.

En psychologie cognitive, c'est l'une des méthodes les plus répandues, en particulier lorsque l'on entame un processus de connaissance de soi et d'autoréflexion.

Il existe différentes méthodologies cliniques :

C- Introspection expérimentale
Son but est de se concentrer sur les processus mentaux d'une manière objective et scientifique. Elle cherche à capter l'expression de la psyché au moment même où elle surgit pour l'analyser.

Pour ce faire, le patient est enregistré et des mesures sont effectuées sur ses enregistrements électro physiologiques, sa tension musculaire ou son rythme cardiaque.

La raison de ces mesures est de détecter l'attention, la volonté ou l'émotion que l'individu exprime dans ses déclarations.

D- Introspection systématique
✦ Comment faire une introspection personnelle ?
Si vous souhaitez faire une introspection par vous-même, vous pouvez le faire en suivant ces étapes très simples :

1. Écrivez brièvement à quoi ressemblerait votre année parfaite.
2. Debout devant un miroir, fermez les yeux. Respirez profondément par le nez pendant 4 secondes, puis attendez 4 secondes. Expirez par le nez pendant 4 secondes. Répétez l'exercice jusqu'à ce que vous sentiez l'inspiration couler et que votre nez se dégage.
3. Imaginez que l'air est plein d'énergie inspirante et créative et que, lorsque vous l'inhalez, cette énergie circule dans votre corps.
4. Visualisez la couleur de cette énergie et ressentez cette couleur en vous.
5. Expirez lentement par le nez, en vous débarrassant consciemment de toutes les pensées inutiles que vous avez en ce moment.
6. Ouvrez les yeux et regardez votre reflet dans le miroir. Imaginez que vous ne connaissiez pas cette personne et qu'elle vous soit présentée pour la première fois.

7. Regardez et lisez dans ses yeux. Écoutez le message que vous inspire son apparition.
8. Acceptez ce message qui vient de l'inspiration profonde. Ressentez-le dans tout votre corps. Dans quelle partie du corps le ressentez-vous le plus ?
9. Cette partie de vous se concentre pour vous transmettre un message positif. Quel est ce message ?
10. Écoutez les messages que vous vous envoyez pour mieux vous comprendre.

♣ Utilisez la méditation pour atteindre l'intérieur

L'un des avantages de la méditation introspective est qu'elle nous permet de plonger en nous-mêmes, afin de mieux comprendre nos émotions, nos désirs et nos insécurités.

Avec elle, nous découvrirons ce qui suit :

1. Quelles sont les sensations corporelles gênantes que nous percevons et qui nous font ressentir un malaise.
2. Quelle est la cause pour laquelle nous nous sentons ainsi ? En bref, quel stimulus ou quelle pensée fait que notre corps s'active.
3. Que devons-nous faire pour retrouver le bien-être ? Discerner comment choisir le comportement approprié à suivre dans cette situation.

En bref, l'introspection est un processus qui consiste à s'écouter soi-même, afin d'être attentif à cette voix intérieure qui nous guide dans notre esprit et qui, en général, a toujours raison.

Les personnes introverties ont tendance à vivre davantage dans leur monde intérieur et, par conséquent, en sont plus conscientes et ont tendance à avoir une plus grande connaissance d'elles-mêmes.

Au contraire, les individus extravertis s'appuient davantage sur des expériences et des stimuli externes, ce qui tend à les déconnecter plus facilement de leurs processus mentaux internes.

S'il est vrai que les personnes introverties ont plus de facilité à pratiquer l'introspection, les personnes extraverties peuvent utiliser les techniques proposées ci-dessus pour se rapprocher de leur monde intérieur.

Connaître les autres est la sagesse, se connaître soi-même est l'illumination.

L'important dans tout cela est de ne pas perdre le contact, au risque de vivre une vie qui peut échapper à notre contrôle, qui peut ne plus nous appartenir, où nous pouvons nous sentir perdus et démotivés.

⁜ Le pouvoir du "je suis assez"
Le doute est un manque de confiance en vos propres talents et capacités.
Mais en fait, cela est encore plus profond et va beaucoup plus loin.

Par essence, le doute de soi est une expression de l'insuffisance. Le doute de soi peut se manifester de diverses manières, mais il découle souvent de croyances subconscientes profondément ancrées dans les traumatismes de l'enfance.

La vraie question est : comment s'en débarrasser ?
Voici trois mots qui vous permettront de vous débarrasser une fois pour toutes du doute après une introspection sincère.

Ces trois mots sont : **J'en ai assez.**

Chapitre 2 -
Déterminer Les Causes Profondes De Ses Peurs

La physiopathologie de la peur est la discipline qui étudie cette peur, non pas comme un système d'adaptation et de protection de nous-mêmes, mais comme une maladie qui génère des changements négatifs pour notre santé à court, moyen et long terme.
C'est comprendre comment la peur endommage, non seulement notre esprit, mais aussi notre corps.

« Les émotions sont des réactions psychophysiologiques qui représentent des modes d'adaptation à certains stimuli transmis par un objet, des personnes, des lieux, des événements ou des souvenirs et comment ceux-ci sont liés à la réalité ou à l'imaginaire, s'exprimant physiquement à travers une fonction physiologique qui inclut des réactions comportementales ».

La neuroscience des émotions est un nouveau domaine de la médecine qui étudie scientifiquement les bases neurales de celles-ci dans notre cerveau, à travers des modèles neurobiologiques, psychologiques et socioculturels.

Gardant à l'esprit que les émotions ont des schémas différents, ceux-ci se trouvent dans notre système nerveux autonome, qui ne peut pas être contrôlé consciemment.

Les modèles sont reconnus pour six émotions de base, telles que la surprise, le dégoût, la tristesse, la colère, la peur et la joie.
Pour connaître l'origine de la peur et pourquoi elle est présente dans nos vies, il faut bien comprendre que la peur est une émotion qui se transforme dès qu'on la rationalise, où elle devient un sentiment.

Nous appelons peur un système d'alarme qui s'active dans notre cerveau lorsqu'il détecte une menace, réelle ou supposée, présente, future ou même passée. C'est une réponse utile et adaptative qui entraîne des changements dans nos comportements, nos pensées et notre corps.

La peur est un schéma cérébral d'adaptation à l'environnement et constitue un mécanisme de survie et de défense, qui permet à la personne de réagir rapidement aux situations compliquées.

En ce sens, il est normal et bénéfique pour tous les êtres vivants d'avoir peur.

A- Pourquoi ressentons-nous la peur ?

L'étude des bases neurobiologiques de la peur se concentre sur une région spécifique du cerveau appelée l'amygdale ; c'est une petite structure logée dans le système limbique, c'est-à-dire notre cerveau émotionnel.

Il faut savoir que cette zone joue un rôle-clé dans la recherche et la détection des signaux de danger. On pourrait dire qu'elle fonctionne de la même manière qu'un détecteur de fumée : il reste inactif jusqu'à ce que le moindre stimulus menaçant l'active.

Si nous n'avions pas d'amygdale, nous n'aurions probablement jamais peur.
Ce mécanisme qui déclenche la peur se retrouve, tant chez les humains que chez les animaux, en particulier dans la région la plus primitive, chargée de réguler les actions essentielles à la survie, comme manger et respirer.

Ce mécanisme situé dans le système limbique est aussi chargé de réguler les émotions, le combat, la fuite, l'évitement de la douleur et en général, toutes les fonctions qui assurent la conservation et la sécurité de l'être humain.

Ce système passe en revue en permanence, même pendant le sommeil, toutes les informations reçues par les sens et il le fait à travers la structure appelée l'amygdale cérébrale, qui contrôle les émotions de base, comme la peur, chargée de localiser la source du danger.

Lorsque l'amygdale est activée lors de la détection d'un éventuel danger, la sensation de peur est déclenchée et sa réponse peut être la fuite, la confrontation ou la paralysie.

La peur produit des changements immédiats dans notre corps tels que : augmentation de la consommation d'énergie cellulaire, augmentation de la pression artérielle, de la glycémie et de l'activité d'alerte du cerveau.

À leur tour, les fonctions non essentielles ralentissent ou s'arrêtent, la fréquence cardiaque augmente et le sang afflue vers les principaux muscles, en particulier les membres inférieurs, en préparation de la fuite.

Une cascade hormonale est initiée de l'hypothalamus vers l'hypophyse et les glandes surrénales, augmentant les niveaux d'adrénaline et de cortisol.

Ces changements corporels s'accompagnent également de modifications faciales, telles que l'ouverture des yeux pour améliorer la vision, la dilatation des pupilles pour faciliter l'admission de la lumière, les rides du front et les lèvres qui s'étirent horizontalement, pour produire une grimace que nous appelons rire, mais qui, au départ, servait à montrer les dents pour effrayer les prédateurs.

B- Les peurs sont-elles héréditaires ?

Les peurs ne peuvent pas être héritées, nous sommes tous nés avec quelque chose appelé "modèles d'action fixes", connus sous le nom de circuits neuronaux pour avoir peur de certaines circonstances potentiellement mortelles.

Lorsque le père présente la peur d'un objet ou d'une circonstance particulière, cela ne sera pas transmis à ses enfants.

Mais si, à la naissance, un être humain est exposé et guidé à plusieurs reprises par ses parents, sa communauté ou sa culture transmettant la peur, cette personne intègrera et adoptera cette même peur. Les peurs ne peuvent pas être héritées, mais elles peuvent être enseignées.

Dès les premiers mois, les bébés ont la capacité de reconnaître les émotions positives et négatives. Il faut considérer que l'expérimentation des émotions est antérieure à notre capacité à les exprimer.
Notre cerveau est né avec des circuits neuronaux pour certaines fonctions déjà destinées, parmi lesquelles la reconnaissance du danger et donc, le circuit pour avoir et ressentir la peur.

À quatre ans environ, les enfants peuvent reconnaître les émotions de base et les comprendre comme des sentiments, en reconnaissant les réponses qu'ils peuvent générer en eux-mêmes et chez les autres.

À l'adolescence, la part sociale est soulignée dans la reconnaissance des émotions De plus, à cette étape de la vie, l'estime de soi se développe à partir de l'interaction avec les autres. En outre, toutes les émotions sont déjà considérées comme acceptables ; les différentes réponses ou réactions que provoquent les émotions peuvent être bonnes ou mauvaises.

Il est important de préciser qu'à ce stade, ses propres émotions et celles des autres sont reconnues, ainsi que les règles d'expression. Cependant, on assiste aussi à des problèmes de gestion des émotions.

Ce problème est lié aux changements hormonaux et physiques, où les enfants changent et développent des caractéristiques masculines et féminines similaires à celles d'un adulte.

À l'âge adulte, on s'attend à ce qu'une personne ait la capacité d'identifier et de reconnaître ses propres émotions, y compris la peur, ainsi que d'exercer un contrôle sur elles, développant ce qu'on appelle l'intelligence émotionnelle.

Il est alors important de comprendre qu'avec le passage de l'âge, on assiste à divers changements dans les émotions, qui ont un impact sur la conception de soi et de l'environnement.

En ce sens, lors du développement émotionnel, la culture et la société ont une grande influence sur les émotions, puisqu'elles régulent leur expression, notamment les émotions génératrices de peur, précise la spécialiste.

Mais il est utile aussi de préciser que vous pouvez tout à fait modifier et mettre fin aux peurs que vous avez créées tout au long de votre vie.

Enfin, nous avons tous, avons eu ou aurons peur de quelque chose ; Comme nous l'avons mentionné précédemment, devant un stimulus de danger – présents ou futurs –, se produit une série de réponses ; c'est quelque chose de naturel et nous devons le reconnaître comme un système de protection.

Le problème est lorsque la peur est générée et que sa réponse n'est pas adéquate ou qu'elle entraîne des changements de comportement et/ou limite nos activités quotidiennes, nous pouvons dire qu'il ne s'agit pas d'un cas de protection, mais plutôt d'une limitation évidente face à certains stimuli.

Il faut à tout prix essayer de contrôler ces épisodes et de reconnaître la raison de cette réponse anormale avec l'aide d'un professionnel.

Chacun d'entre nous, dans une plus ou moins grande mesure, a eu ou a peur. Il existe plusieurs types de peurs, certaines plus rationnelles, d'autres plus irrationnelles... Elles ont toutes une caractéristique en commun : elles ne sont pas agréables.

Non seulement cela, mais elles supposent l'intervention de quelque chose qui peut devenir invalidant selon le degré de cette peur.

En d'autres termes, la peur peut faire partie de nous, au point de la porter tout au long de nos journées et d'être si difficile à supporter qu'elle rend notre réalité non fonctionnelle.

C- Comment identifier les peurs ?

Nous devons d'abord identifier cette peur. Dans la plupart des cas, plusieurs d'entre elles peuvent coexister, mais l'une a toujours tendance à se positionner comme la principale.

Nous devons donc effectuer un examen interne approfondi pour l'identifier correctement, car il s'agit d'une partie essentielle de la mise en œuvre des solutions.

Lorsque vous êtes conscient de vos peurs, vous n'en avez pas honte, au contraire, vous les acceptez pour avoir la conscience de la situation que vous vivez. Même les personnes les plus fortes du monde ont des peurs ; la différence est la façon dont nous les affrontons. Et évidemment, pour les affronter, il faut leur donner un nom et un prénom, d'où la pertinence d'une bonne identification de ces peurs.

La façon de surmonter une peur est liée au coping[1] de chaque individu. Question qui n'est pas du tout plaisante, puisque l'une des caractéristiques de la peur est son pouvoir paralysant. En ce sens, nous pouvons identifier une série de symptômes similaires à ceux de l'anxiété, bien qu'avec quelques nuances.

Dans ces moments-là, au niveau cognitif, n'existe que le doute. Il ne s'agit pas simplement d'affronter la peur. Il s'agit de l'analyser et d'anticiper les situations potentielles pouvant faire naître ce sentiment. Savoir quelles sont les situations qui nous font peur, de la plus petite à la plus effrayante. Il est intéressant de dresser une liste dans laquelle on détaille sous forme de pyramide les situations de peur potentielles, de la moins importante à la plus avancée.

Tristesse, anxiété, joie, colère... Toutes les émotions sont nécessaires et positives, mais dans un équilibre, que ce soit dans la vie personnelle ou professionnelle.

Nous savons tous qu'elles ont une influence puissante sur la santé physique et mentale. Les émotions ont longtemps été taboues et déplacées dans les affaires. Cependant, des recherches récentes montrent que les émotions, comme l'intuition, contribuent grandement à une prise de décision et à une communication plus rapides.

Il est donc clair que les managers ont tout à gagner à apprendre à reconnaître et à exprimer ce qu'ils ressentent. Cela les fera grandir en tant qu'êtres humains et profitera à leurs équipes.

---

[1] En psychologie, le terme de coping regroupe l'ensemble des procédures et des processus qu'un individu peut imaginer et installer entre lui et un événement qu'il juge inquiétant, voire dangereux, afin d'en maîtriser les conséquences potentielles sur son bien-être physique et psychique.

De plus, s'ouvrir à vos collaborateurs peut les inciter à s'exprimer avec sincérité, ouvrant ainsi un champ d'échanges ouverts et fluides, éminemment positifs.

Plus tard, nous parlerons des différentes émotions, en particulier de la tristesse, à la fois personnelle et organisationnelle.

Maintenant, nous allons nous intéresser à une émotion qui a envahi toute la société en ces temps de pandémie : la peur. La peur est une émotion extrêmement puissante, car elle relève de l'instinct de survie et est contagieuse. Mal contrôlée, elle crée de l'anxiété, des phobies et des rigidités comportementales.

La peur paralyse et rend les gens incapables de faire face aux situations difficiles.

« Une épidémie, disait A. Camus, efface la singularité de la vie de chaque homme en poussant à l'extrême sa conscience de sa propre vulnérabilité et son incapacité à anticiper l'avenir ».

Tout se passe comme si la mort s'était installée à côté. « Après une épidémie, disait cet auteur, toute personne vivante peut revendiquer le titre de "survivant" ».

Une société confinée ou en quarantaine est une « société fermée », dans laquelle tout le monde, sauf les travailleurs essentiels, met sa vie entre parenthèses. Alors que les gens sont isolés chez eux et hantés par la peur, l'ennui et la paranoïa, l'une des seules activités qui persiste est la discussion sur le virus et comment il pourrait transformer le monde de demain.

Mais il existe des solutions adaptatives. Tout d'abord, ne pas être connecté en permanence aux médias, écouter :

- En premier lieu, ne pas être connecté en permanence aux médias ; écouter les Fake News et les avalanches de chiffres qui, par accumulation répétitive, n'ont plus de sens depuis longtemps. Limitez-vous à écouter les nouvelles une fois par jour.

- Ensuite, verbalisez vos peurs. Avouez-vous votre peur, objectivez-la et transformez-la en défi : faites-le et si ça vous fait peur, faites-le avec peur !

- Maintenez un rythme de vie stable et faites des projets structurés qui vous permettent de tenir la peur du vide à distance.

- Maintenir les relations professionnelles et sociales, l'intercommunication en utilisant les ressources technologiques. Faites du télétravail une expérience nouvelle et stimulante.

- Prenez soin de vous et de votre entourage : restez actif, bougez et mangez correctement. Prévoyez-vous chaque jour des moments de détente et de plaisir.

N'oubliez pas que la peur diminue les défenses immunitaires. Pour réduire le stress, visualisez des images agréables qui vous font sourire et vous rendent plus léger.

La visualisation est importante, car elle mobilise la richesse de notre imaginaire dans les moments d'angoisse et de stress. Une respiration lente, profonde et interrompue aidera également à calmer les tensions et à réduire le fardeau émotionnel.

D- Vous voulez savoir quelle est votre principale peur et apprendre des techniques pour la comprendre et y faire face ?

La peur est une émotion désagréable, dont les effets délétères activent notre système d'alerte et déclenchent des mécanismes de protection, de fuite ou d'action.

Sans aucun doute, la peur est l'une des émotions de base de l'adaptation et de la survie. Elle se nourrit de l'expérience et permet d'anticiper et d'évaluer les risques.

Jusqu'à présent, tout sonne bien, mais ce n'est pas si simple. En effet, des facteurs liés à nos traits de personnalité ; à la façon dont nous gérons nos émotions ; à notre façon de penser et d'interpréter les événements, mais aussi à notre biographie et à nos apprentissages sociaux et culturels, font peur, cessent d'être une « ressource adaptative » pour devenir un obstacle dans nos vies.

La peur d'échouer ou de se tromper, la solitude, la maladie... peuvent être des peurs qui ne répondent pas à un risque réel. Ils affectent nos initiatives, nos décisions... et au lieu d'être utiles, ils bloquent et limitent l'atteinte de nos objectifs.

Vous êtes-vous arrêté pour réfléchir à la peur la plus présente dans votre vie ?
À laquelle vous vous sentez le plus identifié ?
Cet article et le test que nous avons développé visent à vous aider à distinguer laquelle des peurs est celle qui interfère le plus de manière décisive dans votre vie.

Cela vous permettra de mettre en œuvre des stratégies de changement et d'adaptation d'une manière plus spécifique et efficace.

Test de 15 questions à savoir… Quelle est votre peur la plus profonde ?

Ce test n'est pas un test clinique standardisé ou un questionnaire que nous utilisons lors de la consultation. Il est purement indicatif, mais nous espérons qu'il sera utile, pour vous permettre de réfléchir sur les dénominateurs communs du mécanisme de la peur et ses manifestations dans différents contenus ou domaines vitaux.

Avant de commencer. Selon vous, quelle est votre peur la plus profonde ?

A. Peur de la solitude.
B. Peur de l'avenir.
C. Peur d'échouer.
D. Peur de perdre le contrôle.
E. Peur du "qu'en dira-t-on".

Vérifions-le...

E- Aspects psychologiques des cinq des peurs les plus fréquentes

Peu importe le résultat obtenu. Les informations que vous obtiendrez après avoir passé ce test peuvent être utiles pour réfléchir à vos peurs et à vos différents types de coping. Vous pourrez ainsi trouver des solutions qui pourraient être plus efficaces.

F- Peur de la solitude ou de l'abandon

1. Traits de personnalité associés :
Dépendance, anxiété sociale, perfectionnisme, exigence de soi...

2. Pensées irrationnelles ou biais cognitifs associés :
Pensées de type catastrophiste (grossissement du négatif).
Pensées excessivement exigeantes (*je dois…*).
Croyances anticipatrices du futur (*et si…*).
Vision en tunnel ou biais attentionnel (n'en voyant qu'une partie).
Pensées polarisées (noires ou blanches).

3. Émotions associées :
Tristesse, impuissance, angoisse…

4. Coping habituel :
Évitement et/ou rumination (éviter les situations de solitude, aspirer à contrôler, se plaindre, rechercher la sécurité...)

G- Peur de l'avenir, de la mort, de la maladie ou de la vieillesse

5.   **Traits de personnalité associés :**
Perfectionnisme et peu de flexibilité.

6.   **Pensées irrationnelles ou biais cognitifs associés :**
Pensées de type catastrophiste (grossissement du négatif).
Pensées excessivement exigeantes (*je dois…*)
Croyances anticipatrices du futur (*et si…*).
Vision en tunnel ou biais attentionnel (n'en voyant qu'une partie).
Pensées polarisées (noires ou blanches).

7.   **Émotions associées :**
Frustration, stress, angoisse, impuissance…

8.   **Coping habituel :**
Évitement et/ou rumination.

H- Peur de l'échec, de faire des erreurs ou de prendre des décisions

9.   **Traits de personnalité associés :**
Perfectionnisme et peu de flexibilité, forte exigence de soi…

10.   **Pensées irrationnelles ou biais cognitifs associés :**
Pensées de type catastrophiste (grossissement du négatif).
Pensées excessivement exigeantes (*je dois…*).
Croyances anticipatrices du futur (*et si…*).
Vision en tunnel ou biais attentionnel (n'en voyant qu'une partie).
Pensées polarisées (noires ou blanches).

11.   **Émotions associées :**
Frustration, culpabilité, pression, angoisse, rage, impuissance…

12. **Coping habituel :**
Évitement et/ou rumination (tergiverser, fuir ou éviter, ne pas assumer les coups, vérifier ou réviser, déléguer...).

I- Peur de perdre le contrôle ou de blesser les autres
13. **Traits de personnalité associés :**
Tendance obsessionnelle ou perfectionniste avec peu de flexibilité.

14. **Pensées irrationnelles ou biais cognitifs associés :**
Pensées de type catastrophiste (grossissement du négatif).
Pensées excessivement exigeantes (*je dois...*).
Croyances anticipatrices du futur (*et si...*).
Pensées polarisées (noires ou blanches).

15. **Émotions associées :**
Angoisse, manque de contrôle, impuissance...

16. **Coping habituel :**
Évitement et/ou rumination.

J- Peur du "qu'en dira-t-on", du rejet ou de se ridiculiser
17. **Traits de personnalité associés :**
Anxiété sociale, faible estime de soi, tendance à se culpabiliser, besoin d'approbation...

18. **Pensées irrationnelles ou biais cognitifs associés :**
Pensées de type catastrophiste (grossissement du négatif).
Croyances anticipatrices du futur (*et si...*).
Vision en tunnel ou biais attentionnel (n'en voyant qu'une partie).
Pensées polarisées (noires ou blanches).

19. **Émotions associées :**
Honte, angoisse, pression...

20. **Coping habituel :**
Évitement et/ou rumination (faible affirmation de soi, ne pas dire « non », ne pas se démarquer ou passer inaperçu, céder, éviter les situations sociales, vérifier ou demander de manière excessive).

K- Comment affronter sa peur la plus profonde ? Huit techniques pour gérer sa peur

1. **Identifiez votre peur :**
Quand apparaît-elle ?
À quelle intensité ?
Fluctue-t-elle d'une situation à l'autre ?
À quelle fréquence ?

2. **Mettez votre peur à l'épreuve :**
Les données de la réalité justifient-elles cette peur ?

3. **Réfléchissez aux conséquences de ce que vous craignez :**
Quelle est la chose la plus grave qui puisse arriver ?

4. **Parlez de votre peur :**
Ce n'est pas d'en parler continuellement, mais de la partager avec quelqu'un de notre entourage qui peut nous donner une autre vision, un autre regard sur la situation qui nous fait peur.

5. **Affrontez votre peur progressivement :**
La stratégie automatique ou initiale face à la peur est l'évitement du stimulus ou de la situation qui la génère.

Ce soulagement produit par l'évitement ou la fuite de la peur est la cause du maintien du problème dans le temps, il fonctionne comme un "patch" temporaire ou un "pansement".

Pensez à des stratégies qui vous permettent plutôt d'affronter votre peur dans différents scénarios de manière contrôlée et progressive ; vous gagnerez en ressources personnelles et en efficacité personnelle.

6. **Observez les peurs des autres :**
Détecter les peurs des personnes qui vous entourent peut vous donner une vision plus objective du fonctionnement de la peur et vous aider à normaliser certains processus.
Que diriez-vous à quelqu'un qui a une peur différente de la vôtre ?

7. **Réfléchissez à ce que vous feriez si vous n'aviez pas cette peur :**
Pensez aux coûts ou aux limites que la peur engendre pour vous. En vous concentrant sur les avantages que vous pourriez obtenir en la surmontant, cela peut vous motiver à penser à des stratégies de changement et de solutions.

8. **Demandez de l'aide :**
Si vous voyez que la peur commence à vous limiter dans votre quotidien, il sera utile de demander l'aide d'un professionnel. Les psychologues peuvent vous apprendre à acquérir les outils et les ressources nécessaires pour faire face efficacement à de telles difficultés.

9. **La valeur que la connaissance de soi a pour nos vies :**
Reconnaître nos tendances, ce que nous ressentons, pensons et agissons, est incalculable.

La peur est une émotion complexe qui peut nous affecter, conditionner et limiter notre vie quotidienne de manière extraordinaire.
Par conséquent, identifier et comprendre nos peurs, apprendre les stratégies qui nous permettent de les gérer, est une tâche utile et intelligente, un objectif qui nous permettra de profiter pleinement de nos vies.

15 questions et leurs trois alternatives de réponses

1. Imaginez que vous ayez décidé de manière réfléchie de mettre fin à votre relation, comment feriez-vous ?

⇨ Je ne m'en sentirais pas capable, j'ai peur de me voir seul.e.

⇨ Ce serait difficile pour moi de le faire et j'essaierais de l'éviter, mais à la fin, je finirais par le faire et je sais que ce serait bien.

⇨ Si je suis clair.e, je parlerais à mon partenaire dès que possible.

2. C'est le week-end, vous êtes seul.e et vous n'avez pas de projet, que faites-vous ?

⇨ Je commence à contacter les gens jusqu'à ce que je trouve quelqu'un de disponible, n'importe quoi sauf de rester à la maison.

⇨ J'essaie de rencontrer quelqu'un ; sinon, je reste à la maison.

⇨ Je profite de ce temps pour moi et j'en profite pour me reposer ou faire quelque chose par moi-même.

3. Vous devez vous rendre à une réunion très importante pour votre avancement, mais vous ne connaissez personne, que faites-vous ?

⇨ Je n'y vais pas tant que je n'ai pas trouvé quelqu'un pour m'accompagner.

⇨ J'essaie de me renseigner en détail sur l'endroit avant d'y aller, le type de personnes qui y vont, etc. et sur cette base, je réfléchis avant de me décider.

⇨ Je vais essayer, et si ce n'est pas ce que j'attends, je ne reviendrai pas.

4. Avez-vous déjà pensé à la mort ?

⇨ Oui, constamment, c'est un sujet qui m'angoisse beaucoup.

⇨ Parfois sporadiquement.

⇨ Ce n'est pas une chose à laquelle je pense très souvent.

5. Si je vous demandais comment vous vous voyez dans cinq ans, que répondriez-vous ?

⇨ Je suis très angoissé en pensant à l'avenir et en pensant que quelque chose de grave pourrait m'arriver ou que les choses pourraient empirer.

⇨ Je me vois plus ou moins comme maintenant, mieux dans certaines choses et pire dans d'autres.

⇨ Je me vois progresser sur le plan personnel, atteindre des objectifs et des buts.

6. Comment vous sentez-vous avec le temps qui passe ?

⇨ Je m'inquiète pour mon anniversaire, je me sens de plus en plus vulnérable et vieillissant.e, c'est comme si le temps passait très vite.

⇨ Je n'aime pas les anniversaires, parfois ça me touche, mais j'essaie de prendre soin de moi le plus possible.

⇨ Je suis content.e de mon âge et de ma condition physique, c'est la loi de la vie.

7. Imaginez que votre patron vous interpelle pour une erreur que vous avez commise au travail, comment réagiriez-vous ?

⇨ Je me sentirais mal, j'essaierais de la réparer et je reviendrais sur le sujet les jours suivants, analysant ce qui aurait pu se passer.

⇨ Au début, je me sentirais assez coupable, puis j'essaierais de m'en sortir et d'être plus prudent.e la prochaine fois.

⇨ Cela dépend du type d'erreur et des conséquences, nous pouvons tous faire des erreurs.

8. Vous devez prendre une décision importante pour vous, comment faites-vous ?

⇨ Je mets généralement du temps à me décider ; j'y pense beaucoup, j'analyse tous les détails, je dors mal, je demande et vérifie avec les gens autour de moi.

⇨ Cela me coûte généralement un peu, j'ai tendance à reporter le moment, même si au final, je finis par le faire.

⇨ J'apprécie le pour et le contre et décide sans problème.

9. Au travail ils ont pensé à vous pour une tâche de grande responsabilité, que faites-vous ?

⇨ Je ne l'accepte pas, je préfère rester comme je suis plutôt que de risquer de ne pas être à la hauteur ou de me tromper.

⇨ Je l'accepte, même si j'ai beaucoup de doutes et d'insécurité.

⇨ Je l'accepte et je le prends comme un défi, s'ils ont pensé à moi, c'est certainement que je peux le faire.

10. Avez-vous déjà eu peur de perdre le contrôle ?

⇨ Oui, parfois des idées me viennent, des choses que je pourrais faire, et j'ai peur, même si je ne les réalise pas au final.

⇨ Parfois, lorsque j'ai ressenti beaucoup d'anxiété ou de colère, ou que je ne contrôlais pas mes émotions.

⇨ Pas que je me souvienne.

11. Vous voyez aux nouvelles des cas de personnes souffrant de troubles mentaux qui ont commis certains crimes.

⇨ J'éteins la télévision ou je change de chaîne, j'ai très peur que cela puisse m'arriver sans m'en rendre compte.

⇨ Cela m'inquiète un peu et j'ai des doutes et des questions.

⇨ Je ne lui accorde pas plus d'importance qu'aux autres nouvelles.

12. Avez-vous déjà eu des pensées liées au fait de blesser d'autres personnes ?

⇨ Oui, et cela m'inquiète beaucoup.

⇨ Parfois, mais je pense que ce ne sont que des pensées.

⇨ Pas que je m'en souvienne, ou je n'y ai pas accordé plus d'importance.

13. Vous devez animer une conférence devant un public inconnu, que ressentez-vous ?

⇨ J'essaie de l'éviter par tous les moyens, je deviens très nerveux et je me bloque, j'ai honte.

⇨ Je le fais, mais je m'inquiète ensuite de la façon dont je l'ai fait.

⇨ Je fais l'exposition sans problème.

14. Vous êtes dans un groupe où s'exprime une opinion sur un sujet avec lequel vous n'êtes pas d'accord, que faites-vous ?

⇨ Je me tais et je ne dis rien, je ne veux pas attirer l'attention.

⇨ J'essaie d'exprimer mon désaccord de manière indirecte ou subtile, sans créer de polémique.

⇨ J'exprime mon désaccord avec fermeté.

15. Vous essayez des vêtements dans votre placard, vous mettez un chapeau et tout de suite après, qu'en pensez-vous ?

⇨ Je ne peux pas sortir comme ça, ils vont me regarder bizarrement.

⇨ J'adore le chapeau, mais je ferais mieux de le mettre un autre jour.

⇨ Je l'ai mis sans problème, celui qui n'aime pas n'a qu'à ne pas regarder.

Cinq résultats (selon les réponses)

✦ **Peur de la solitude**
Vos réponses expriment que la peur de la solitude ou de l'abandon pourrait être une cause de préoccupation pour vous.

Je vous invite à lire dans les conclusions de cet article, quelques-uns des fondements psychologiques de la "peur de la solitude".

⊥ Peur de l'avenir

Vos réponses expriment que la peur de l'avenir, de la mort, de la maladie ou de vieillir, pourrait être une cause d'inquiétude pour vous.

Je vous invite à lire dans les conclusions de cet article, quelques-uns des fondements psychologiques de la "peur du futur".

⊥ Peur d'échouer

Vos réponses expriment que la peur de l'échec, de faire des erreurs ou de prendre des décisions pourrait être une cause de préoccupation pour vous.

Je vous invite à lire dans les conclusions de cet article, quelques-uns des fondements psychologiques de la "peur de l'échec".

⊥ Peur de perdre le contrôle

Vos réponses expriment que la peur de perdre le contrôle ou de faire du mal aux autres pourrait être une préoccupation pour vous.

Je vous invite à lire dans les conclusions de cet article, quelques-uns des fondements psychologiques de la "peur de perdre le contrôle".

⊥ Peur du "qu'en dira-t-on"

Vos réponses expriment que la peur du « qu'en dira-t-on », le rejet ou le fait de vous ridiculiser pourrait être une de vos préoccupations principales.

Je vous invite à lire dans les conclusions de cet article, quelques-uns des fondements psychologiques de la "peur du "qu'en dira-t-on".

Chapitre 3 -
Trouver Les Causes
De Son Manque D'assurance

De plus en plus présentes dans notre quotidien, les racines qui entretiennent le sentiment du manque d'assurance apparaissent sous la forme de diverses croyances limitantes.

Ainsi, ces croyances, basées sur nos relations interpersonnelles et sur l'environnement dans lequel nous évoluons, nous mettent dans un état de peur et d'apathie, nous faisant perdre tout le plaisir des activités quotidiennes. De plus, le manque d'assurance, dans un contexte général, est mieux définie par rapport à son contraire : l'assurance.

Alors que l'assurance nous amène à une idée de confort, de tranquillité et de certitude, le manque d'assurance nous amène à un manque de tous ces éléments. Ainsi, le manque d'assurance est un sentiment lié à la peur et à l'incertitude.

A- Quelles sont les croyances qui entretiennent le sentiment de ce manque d'assurance ?
La plupart du temps, le manque d'assurance est lié à la difficulté d'une personne à croire en elle-même et en son potentiel.

Par conséquent, il existe souvent des croyances liées à la peur de ne pas pouvoir, la peur de ne pas réussir ou de voir sa vulnérabilité exposée, d'une manière ou d'une autre.
De plus, les personnes peu sûres d'elles ont tendance à parler comme ceci :

"Je ne suis pas aussi bon qu'un tel" ;
"Je ne peux pas me démarquer au travail" ;
"J'ai peur de prendre la mauvaise décision" ;
"Vais-je être critiqué pour mon attitude ?"

B- Quel genre de conséquences ces croyances peuvent-elles générer ?

Le sentiment d'inadéquation et d'illégitimité peut amener la personne en manque d'assurance à développer des problèmes liés à son estime de soi (comment elle est vue par les autres) et à son image de soi (comment elle se voit).

Ainsi, cela peut finir par induire un besoin de combler ce "vide intérieur" par des figures d'assurance – supposées capables de combler les carences que la personne estime avoir.

De plus, cela finit par générer des situations de dépendance émotionnelle et affective.

C- Quels sont les types de situations qui peuvent amener un enfant à devenir un adulte fragile ?

Généralement, l'insécurité est liée à des situations de stress présentes dans le contexte familial ou dans l'environnement dans lequel évolue l'enfant.

Par conséquent, la relation qui peut être établie est que le manque d'assurance est étroitement lié à la peur, de sorte que les situations qui produisent cette émotion sont potentiellement génératrices de manque d'assurance.

Par exemple :

⁙ Contexte familial de la violence conjugale

Dans ce cas, l'enfant a très peur lorsqu'il est témoin des situations de violence qui surviennent dans son foyer, un environnement dans lequel il est censé se sentir bien et à l'aise.

Cela peut l'amener à intérioriser des peurs qui finissent par réapparaître dans la vie d'adulte, que ce soit dans les relations professionnelles, amoureuses, etc.

✦ Le harcèlement en milieu scolaire

Ici, l'idée de la façon dont la peur peut amener une personne à se sentir moins confiante en elle-même devient plus palpable.

L'intimidation peut amener les enfants à intérioriser le fait qu'ils ne sont pas acceptés pour leurs caractéristiques et à se considérer comme inférieurs, incomplets, incapables.

D- Les situations stressantes peuvent-elles générer le manque d'assurance à elles seules ?

Contrairement à ce qu'il peut sembler, les situations où il n'y a pas de stress peuvent aussi générer de l'insécurité.

Un bon exemple se voit dans la surprotection des parents : dans cette situation, l'enfant passe la majeure partie de sa vie à ne pas ressentir de stress et de frustration, puisqu'il y a toujours quelqu'un pour le faire à sa place.

Ici, la peur qui existe est celle de ne pas pouvoir gérer ses problèmes, de ne pas pouvoir les résoudre aussi bien, d'échouer quand on n'a pas d'aide.

"Je suis une personne peu sûre d'elle, comment puis-je mieux gérer cela ?"

le manque d'assurance est une conséquence des peurs intériorisées tout au long de la vie.

Il est important de souligner que les gens ne naissent pas avec ce manque d'assurance, ils sont soumis à des situations défavorables tout au long de leur vie.

De plus, cela leur fait intérioriser le fait que "le monde est un endroit dangereux" ou bien "je ne suis pas capable de faire face au monde".

Cela signifie que pour traiter les questions d'insécurité, on doit d'abord passer par la déconstruction des croyances limitantes, en cherchant à reconnaître les origines qui ont forgé ces sentiments.

Prise de parole en public, prise de position de leader, changement de métier, etc. Il existe de nombreuses situations difficiles dans nos vies et elles nécessitent de la confiance en soi. Plus que le fait d'identifier les situations dans lesquelles le manque d'assurance est un obstacle, il est important d'en trouver les causes. Ce n'est qu'ainsi qu'il est possible de les surmonter.

Les expériences que nous vivons tout au long de la vie, en particulier dans notre enfance, sont à la base du manque d'assurance et certaines situations de notre vie d'adulte agissent comme un déclencheur qui provoque ce manque de confiance.

Des parents très absents, par exemple, peuvent faire ressentir cette sensation de manque de sécurité pour l'enfant, qui croit qu'il y a quelque chose qui ne va pas chez lui. Un membre de la famille intrusif peut rendre les enfants trop introvertis ou autosuffisants, et ils peuvent finir par devenir peu sûrs d'eux ou méfiants envers les autres.

Même des éloges exagérés envers l'enfant peuvent causer de l'insécurité, car à l'âge adulte, la personne sera toujours en attente des mêmes éloges, et se trouvera déstabilisée en ne récoltant que des commentaires neutres.

Comme nous l'avons vu, le manque de sécurité est un sentiment naturel, car il s'agit d'un mécanisme de défense que nous utilisons pour nous protéger de quelque chose que nous pensons ne pas pouvoir gérer.

Maintenant que vous connaissez les racines de l'insécurité, voyons comment la surmonter ?

1. Comment vaincre le manque d'assurance ?

Les racines du manque d'assurance se trouvent dans les expériences passées, qui créent différentes croyances limitantes dans notre esprit. L'important est d'être conscient que ce cheminement pour les surmonter est un processus et, par conséquent, qu'il ne sera atteint que lorsque ces pratiques seront véritablement intégrées dans notre vie quotidienne.

2. Pratiquer la connaissance de soi

Une façon de surmonter le manque d'assurance est de pratiquer la connaissance de soi, de préserver la pensée positive et surtout, d'avoir confiance en soi.

La connaissance de soi vous permettra de comprendre que votre manque de sécurité est soutenu par des pensées qui, bien qu'étant liées à des expériences passées, ne sont pas un obstacle impossible à surmonter.

La connaissance de soi garantit la connaissance de vos capacités et de vos limites, car nous avons encore beaucoup à savoir sur nous-mêmes, notre comportement et ce qui génère une véritable motivation en nous.

C'est la clé pour construire une carrière ou un plan personnel pour surmonter vos défis et réussir.

3. Mettez vos idées sur papier

Avez-vous déjà entendu dire que l'écriture est thérapeutique ?
De plus, cela aide également à organiser les pensées, les idées et les projets. Depuis l'enfance, certaines personnes sont encouragées à écrire leurs secrets, à dessiner, à noter les surprises de la journée dans des agendas.

Beaucoup d'individus, à partir de cette écriture, se sentent bien et ne savent pas expliquer la raison.

L'une des raisons est le besoin humain d'exprimer des sentiments, de les organiser et de les comprendre.

L'écriture, lorsqu'elle devient une pratique quotidienne ou hebdomadaire, est très positive, car elle minimise le stress, aide à organiser les pensées et soulage certains sentiments négatifs.

Alors, achetez un cahier, essayez de le mettre à jour sans censure. L'écriture est la première façon de prendre vos pensées de l'abstrait et de les amener au plan concret.

C'est une activité qui augmentera votre force émotionnelle et, petit à petit, vous vous rendrez compte du potentiel que vous avez pour développer tous ces projets, ne laissant pas prédominer l'insécurité face à tant d'idées.

4.   Changer de point de vue

Le chemin que nous parcourons n'est souvent pas simple, mais ce qui nous motive dans la vie, ce sont les défis. L'important est de garder une pensée positive et de ne pas baisser les bras au premier obstacle.

Quand on parle de pensée positive, cela ne veut pas dire que tout ira bien ni que les résultats seront toujours satisfaisants.

Par conséquent, il est important d'apprendre que lorsque nous donnons vie à une perspective positive, nous devons observer le processus qui existe dans chaque événement, même si ce n'est pas ce à quoi nous nous attendions.

Ainsi, il sera possible de gérer nos erreurs de manière naturelle, sans nous blâmer et en acceptant tout ce qui se passe dans le cadre d'un processus de développement. Après tout, c'est ainsi que nous grandissons et que de nombreuses leçons sont apprises.

Aussi, de simples changements sont souvent les premiers pas vers une transformation. Commencez à changer la façon de penser de « je vais essayer » à « Je vais y arriver ».

Cela fait toute la différence !

5. Cherchez des exemples d'admiration

Nous avons tous des personnes qui ont été des références et qui ont servi de modèle à ce que nous sommes aujourd'hui. Il est important que vous recherchiez des biographies, des textes, des reportages ou des interviews à leur sujet.

En faisant des recherches sur les personnalités que vous admirez, vous constaterez qu'il s'agit de personnes ordinaires, mais avec une différence : elles ont essayé, agi de manière décisive et accepté de l'aide en cas de besoin.
Cependant, il est important de se souvenir que chacun doit suivre son propre chemin. Les exemples sont essentiels pour que nous sachions où aller et quelles sont les meilleures alternatives.

Cependant, il est important que vous valorisiez votre façon particulière d'agir et de gérer les situations et, en même temps, de reconnaître quels sont les aspects qui doivent être améliorés.

6. Devenez compétent dans votre domaine

Connaître l'origine et les causes qui vous conduisent à être une personne peu sûre d'elle est un grand pas vers l'obtention de nouveaux résultats.
Cependant, cette connaissance est inutile si elle n'est pas accompagnée d'un plan d'action efficace.

Pour vraiment pouvoir changer votre façon de gérer votre manque de sécurité, il est indispensable d'acquérir de nouvelles expériences.

Que ce soit dans la vie professionnelle ou non, la compétence est l'un des meilleurs moyens d'éliminer presque complètement le sentiment d'incapacité.

Pour cela, vous devez étudier davantage votre marché et agir constamment sur vos faiblesses pour vraiment obtenir de meilleurs résultats.

Prenons l'exemple d'un vendeur qui ne parvient pas à faire assez de ventes au cours du mois. Dans la plupart des cas, c'est parce qu'il aborde la question sous un angle négatif. Pour lui, la seule façon de contrer son manque de confiance est de vendre plus. Pour cela, il faut respecter les mots des messages publicitaires, la mise en avant du produit et même s'assurer que le professionnel soit vraiment soucieux de son client.

Chaque étape doit être analysée et améliorée grâce à une pratique régulière. Grâce à cela, les résultats s'améliorent définitivement et, par conséquent, l'insécurité arrive à disparaître du quotidien de ce vendeur.

Il en va de même pour les sportifs, les artistes et une multitude de professions qui dépendent d'un contact constant avec le public. Pour ceux qui ont beaucoup de difficultés, l'idéal est toujours de faire appel à un professionnel.

7. Conséquences du manque d'assurance

C'est un sentiment très désagréable, qui peut nous affecter négativement dans de nombreux domaines de notre vie. Le manque de confiance en nous-mêmes nous fait ressentir la capacité de faire quelque chose, mais que nous évitons d'essayer afin que nos attentes négatives soient satisfaites.

Par exemple, si vous pensez que vous n'avez pas la capacité de pratiquer un sport régulièrement, vous n'essaierez pas d'en prendre l'habitude, alors que si vous alliez à la salle, vous vous excuseriez de ne pas pouvoir y aller plus souvent.

Au contraire, une personne ayant suffisamment confiance en elle sera plus disposée à apprendre, à améliorer des aspects dans lesquels elle n'est pas très douée, à se fixer des objectifs et à s'efforcer de les atteindre, avec la certitude que si elle échoue, elle pourra toujours recommencer..

Cette sécurité et cette confiance rendent les gens plus aptes au travail, sur le plan scolaire et dans leurs relations interpersonnelles.

Comme vous pouvez le voir, il y a de nombreux avantages à oser augmenter votre confiance en vous.

8.   Comment surmonter le manque d'assurance ?
a) Ce processus ne conçoit pas la quête comme un objectif unique

Évidemment, afin d'augmenter votre assurance, il est nécessaire que vous vous fixiez des objectifs précis, ainsi que de consacrer suffisamment de temps à la mise en place du processus de mise en confiance.

Il est très important que vous appreniez à être patient et à valoriser toutes vos réalisations plutôt que de vous réprimander pour tout ce que vous n'avez pas encore fait.

Pensez à tout ce que vous voudriez améliorer. Chacun a ses propres défis, il existe donc un large éventail d'options :

- Soyez plus sûr de vous au niveau du langage non verbal. Par exemple, regardez le visage de votre interlocuteur quand il vous parle.

- Oubliez la honte de parler en public et lancez-vous ; tant dans les rencontres entre amis que dans le milieu professionnel. Dans les deux cas, il sera très bénéfique d'avoir plus confiance en soi.

- Savoir dire « non ». Pour rejeter une proposition, un pourboire ou une faveur, vous devez également avoir une grande confiance en vous et une sécurité personnelle.

Ce ne sont là que quelques exemples de défis que vous pouvez vous lancer et qui vous aideront à affronter tout ce qui vous fait ressentir un sentiment de malaise.

Si vous vous fixez des objectifs à court terme, vous aurez des attentes beaucoup plus réalistes et, en même temps, vous pourrez voir plus de résultats, plutôt que d'être frustré de ne pas atteindre des objectifs, qui restent inaccessibles parce que trop lointains.

b) Pensez à vos talents et qualités

C'est certainement l'une des raisons pour lesquelles vous sentez que votre assurance est faible est qu'elle a tendance à mettre en avant vos défauts, au point qu'ils éclipsent vos vertus.

Cet exercice peut être fait avec du papier et un crayon, car si vous les écrivez, vous pourrez plus facilement repérer les domaines dans lesquels vous êtes compétent quand vous en aurez besoin.

Pour que cela ait l'effet escompté, il faut éviter de se comparer aux autres. Par exemple, au lieu de dire « je parle mieux l'anglais que mon collègue », vous devriez écrire « j'ai une bonne maîtrise de l'anglais ».

Si cet exercice est compliqué et que vous ne trouvez pas d'exemples d'activités dans lesquelles vous êtes compétent, vous pouvez interroger votre entourage, vous aurez sûrement de nombreuses surprises agréables.

Après y avoir passé tout le temps nécessaire, vous apprécierez toutes les qualités et vertus positives que vous possédez, ce qui contribuera à augmenter votre confiance en vous.

De plus, visualiser vos succès passés et être conscient de tout ce que vous avez accompli par vous-même vous aidera à avoir une plus grande confiance en l'avenir.

c) Changez votre langage intérieur en mettant de côté l'autocritique

Parfois, sans vous en rendre compte, vous vous envoyez des messages internes négatifs. Dans certaines occasions, vous verbalisez même ces messages à d'autres personnes, en disant, par exemple, "je suis maladroit" ; ou "je ne fais jamais les bonnes choses".

La première étape pour changer cette communication avec vous-même est d'apprendre à détecter ces messages négatifs et à les rendre positifs.

Il ne s'agit pas de nier la réalité, mais d'être plus objectif dans la critique constructive que l'on se fait de soi-même. Voici un exemple :

Au lieu de dire :
→ « Je suis irresponsable et très désorganisé »,
vous pourriez dire :
→ « J'aimerais être plus organisé et responsable. Je dois travailler pour changer cet aspect de moi-même ».

Dans le premier cas, vous pouvez voir à quoi ressemble une autocritique négative, qui fait simplement une description, sans intention ni but de changement, tandis que le second cas révèle un langage qui favorise le changement dans un domaine avec lequel la personne est mécontente.

En changeant ce langage, petit à petit, vous modifierez vos pensées catastrophiques sur vous-même, vous pourrez peu à peu atteindre vos objectifs et cela vous amènera à augmenter votre niveau de confiance en vous.

d) Faites attention à votre langage non verbal
Le langage non verbal révèle de nombreux aspects de notre personnalité et vous-même avez certainement plus d'une fois détecté un sentiment de malaise chez votre interlocuteur grâce à son langage non verbal.

Les caractéristiques des personnes avec une faible confiance en eux sont généralement les suivants :

- Ils ne regardent pas leur interlocuteur dans les yeux lorsqu'ils discutent.
- Ils regardent vers le bas.
- Ils ne prennent généralement pas l'initiative d'une conversation.
- Parfois, ils parlent vite parce qu'ils veulent terminer leur intervention au plus tôt.
- En règle générale, ils ont une position du corps voûtée.
- Ils parlent à voix basse et avec hésitation.

Pour que vous transmettiez plus de confiance et de confiance en vous, vous devez modifier ces aspects du langage non verbal.

Commencez par détecter les signes du langage non verbal où vous véhiculez une image de manque de confiance en vous, pour la modifier progressivement..

N'essayez pas de changer tous ces aspects à la fois, car vous seriez plus soucieux de donner une bonne image que de profiter d'une conversation ou d'une rencontre avec vos amis.

En ce qui concerne le langage verbal, pensez à parler calmement et spontanément, pour donner confiance à l'auditeur.

e) Utilisez votre sens de l'humour
Une chose commune chez les personnes qui ne sont pas sûres d'elles-mêmes est que la critique les affecte plus que les autres.

Si vous souffrez de ce problème, vous avez certainement tendance à rougir lorsque vous vous sentez ridicule ou que vous dites quelque chose d'inapproprié – ou même que vous restez en dehors du groupe par peur d'une situation embarrassante.

Pour lutter contre cette honte, vous devez utiliser le sens de l'humour. Si vous faites une erreur ou si vous dites quelque chose d'inapproprié, vous pouvez rire de vous-même pour que les autres puissent se moquer avec vous, mais pas de vous.

Cela minimise les conséquences que votre comportement peut avoir afin que vous ne soyez pas affectée trop fortement face aux critiques de votre entourage.

f) Ne vous excusez pas continuellement
C'est un autre aspect que vous devez modifier dans le langage verbal et non verbal. Si vous êtes une personne peu sûre d'elle, vous pouvez vous excuser excessivement, donc le mot "désolé" fait généralement partie de votre vocabulaire.

Le fait de demander pardon ou de s'excuser pour tout entraîne les autres à vous percevoir comme une personne peu sûre d'elle et faible. Cela a également des conséquences négatives pour vous-même, car vous vous tenez – faussement – responsable de ce qui se passe autour de vous.

En apportant quelques modifications simples à votre vocabulaire, vous aiderez les autres à avoir plus confiance en vous et vous éviterez de vous sentir mal à l'aise à propos de votre comportement.

Pour y voir plus clair, vous pouvez éviter de dire :

→ "Je suis désolé, je suis en retard" et le remplacer par
→ "Merci d'avoir attendu".

De cette façon, vous êtes reconnaissant envers l'autre personne sans avoir à trop vous soucier de ce qu'elle pourrait dire de vous ou de ce qu'elle pourrait vous reprocher.

Dans cet exemple, vous pouvez également recourir au sens de l'humour décrit ci-dessus, en expliquant de manière ludique pourquoi vous n'avez pas été ponctuel.

g) Ne soyez pas trop modeste
Pour que votre confiance en vous soit plus grande, vous devez apprendre à accepter les louanges que vous recevez des autres.

Abandonnez la honte que vous avez ressentie quand ils vous ont dit à quel point votre nouvelle coupe de cheveux vous allait bien ou qu'ils vous ont complimenté sur votre travail.

Vous n'avez pas besoin d'être arrogant ou prétentieux, contentez-vous simplement de remercier les autres sur tout ce qu'ils vous disent, remerciez-les et valoriser ces aspects positifs de vous-même.

Les personnes qui ont une grande confiance en elles sont également capables de féliciter les autres et en fait, elles le font souvent.

Essayez de prendre cette habitude de féliciter les autres et vous apprécierez les conséquences positives que cela entraîne : acceptation, gratitude, etc.

h) Soignez votre apparence physique

Bien que votre physique ne soit pas la chose la plus importante, il est clair que votre sécurité et votre confiance en dépendent en partie.

Porter des vêtements appropriés à chaque occasion, sans être trop extravagant, vous aidera à vous sentir plus confiant et moins inquiet de ce que les gens feront ou diront.

D'autre part, vous devez également faire attention à votre silhouette – sans être obsédé – pour que la personne que vous voyez dans le miroir vous donne un sentiment de bien-être au quotidien.

Pour être plus satisfait de votre image, vous pouvez consacrer un peu plus de temps à vos soins personnels – appliquer des crèmes hydratantes, porter une coiffure qui vous convient, etc.

Votre objectif devrait être de devenir la meilleure version de vous-même, sans vous comparer aux autres, sans vous juger ou vous blâmer pour votre apparence actuelle.

N'oubliez pas que votre confiance en vous ne doit pas seulement dépendre de votre apparence physique, car ce serait une fausse sécurité qui ne vous procurerait du bien-être que temporairement.

Si vous suivez ces conseils, vous développerez une confiance en vous qui vous aidera à augmenter votre bien-être personnel.

"Un oiseau perché sur un arbre n'a jamais peur que la branche se brise, car sa confiance n'est pas dans la branche, mais dans ses propres ailes."

Chapitre 4 -
S'interroger Profondément
Sur Sa Raison D'être

A- Découvrez votre raison d'être avec ces exemples et atteignez la pleine confiance en soi

Avoir une raison d'être peut vous conduire à un état de bien-être dans lequel vous vous sentez inspiré pour prendre des décisions pour améliorer votre situation actuelle et atteindre vos objectifs.

Cependant, beaucoup de gens ont du mal à trouver leur sens dans ce monde.

Avez-vous déjà eu l'impression de ne pas savoir où vous alliez ?

Que vous avez besoin de quelque chose mais sans savoir quoi ?

Lorsque vous n'êtes pas clair sur votre but dans la vie, il est normal que vous vous sentiez un peu désorienté. Cependant, il existe différentes méthodes à utiliser pour le trouver.

Dans ce chapitre, nous expliquerons ce qu'est un objectif de vie, pourquoi il est important d'en avoir un et ce que vous pouvez faire pour le trouver.

De plus, nous vous fournirons également des outils qui vous aideront à réfléchir aux projets que vous souhaitez réaliser à l'avenir.

I/ Qu'est-ce qu'une raison d'être ?

Lorsque nous parlons d'une raison d'être, nous faisons référence à ce qui nous motive à continuer à nous battre chaque jour.

Cela reflète ce que nous voulons réaliser pour atteindre notre bonheur et la raison pour laquelle nous sommes prêts à faire des sacrifices et à mettre des habitudes en place dans notre vie quotidienne.

Il existe différents types de raisons d'être, comme être quelque part, créer quelque chose, acquérir plus de connaissances, faire quelque chose de nouveau ou ressentir une émotion particulière. Quel que soit votre âge, il n'est jamais trop tard pour trouver votre raison d'être.

Lorsque vous aurez trouvé votre raison d'être, vous voudrez faire tout ce qui est en votre pouvoir pour y parvenir, ce qui déclenchera une série de changements dans votre routine, qui vous feront grandir en tant que personne et développer vos capacités.

Cependant, vous ne devez pas considérer votre raison d'être comme la solution à tous vos problèmes. Même si cela vous aidera à avoir un niveau de satisfaction très élevé, cela ne signifie pas qu'il vous exemptera de toutes vos responsabilités.

Le chemin pour trouver votre but dans la vie est rempli de situations passionnantes. Si vous voulez apprendre à trouver ce qui vous pousse à continuer à donner le meilleur de vous-même chaque jour, ne vous détachez pas de ce chemin.

II/ Exemples de raisons d'être

Vous ne comprenez toujours pas ce qu'est une raison d'être ?

Voici quelques exemples qui vous inspireront, ou du moins qui vous serviront de guide :

1. « **Lutter contre les injustices sociales** et défendre ceux qui n'ont pas de voix ».
2. « **Faire du monde un meilleur endroit** pour que toutes les espèces vivent ensemble ».

3. « **Créer des histoires fantastiques et inspirantes** pour les autres ».

4. « **Développer mon côté spirituel au maximum** et guider d'autres personnes qui veulent suivre le même chemin ».

5. « **Créer des œuvres d'art** qui captivent les spectateurs et laissent un héritage qui dure dans le temps. »

6. « **Créer une entreprise prospère** et internationalement reconnue qui jouit d'un grand prestige et améliore la vie des gens ».

7. « **Construire une maison** où l'amour et le respect règnent entre les différents membres ».

8. « **Être reconnu internationalement** pour avoir apporté des contributions importantes dans mon domaine de spécialisation ».

9. « **En savoir plus sur différents domaines** de connaissances et ensuite, les partager avec d'autres personnes ».

10. « **Créer une invention révolutionnaire** qui facilite la vie des gens ».

Comme vous pouvez le constater, le but de la vie est davantage lié à ce que vous voulez faire ou au style de vie que vous souhaitez avoir.

Il ne s'agit pas de la somme d'argent vous gagnez ou du poste que vous occupez au sein d'une entreprise. Une fois que vous avez un objectif clair, vous pouvez commencer à définir vos aspirations personnelles et élaborer un plan d'actions qui sera couronné de succès.

III/ Pourquoi est-il important d'avoir une raison d'être ?

Avoir une raison d'être est très bénéfique pour tout le monde, il y a cinq principales raisons pour lesquelles vous devriez avoir une raison d'être :

1. votre raison d'être est un point de départ

Avoir un but dans la vie consiste à mener une vie plus consciente. Bien que cela ne signifie pas que tous vos problèmes et soucis disparaîtront, lorsque vous aurez des objectifs clairs, vous pourrez faire de meilleurs plans et prendre les bonnes décisions pour réaliser ce que vous voulez.

2. Cela vous aide à être clair sur ce qui est important et sur ce qui ne l'est pas

Après avoir trouvé votre but dans la vie, vous vous rendrez peut-être compte que vous avez passé beaucoup de temps à chercher des choses qui vous empêchaient d'atteindre votre objectif.

Cependant, en ayant des objectifs clairs, vous pourrez diriger votre attention sur les choses qui sont vraiment importantes pour vous.

3. Cela vous permet d'avoir une vie pleine de sens

Lorsque vous poursuivez un objectif, votre vie sera remplie de sens et vous prendrez les décisions qui leur correspondent le mieux. Vous ne serez plus une personne qui se laisse emporter par le reste, mais vous prendrez les rênes pour construire la vie dont vous avez toujours rêvé, avec un travail qui correspond à vos besoins et entouré de personnes compatibles avec vous.

4. Vous aurez une motivation et une passion constantes

Une fois que vous aurez découvert quelle est votre raison d'être, vous vous réveillerez chaque jour plein d'énergie et avec la capacité de rester motivé dans le travail que vous faites, car vous serez conscient que tout ce que vous faites, vous rapprochera de vos objectifs.

Cela profitera considérablement à votre état émotionnel.

5. Vous réussirez selon vos propres conditions

Beaucoup de gens considèrent que le but de la vie humaine

est le succès. Cependant, le succès est l'effet de faire ce que vous aimez plutôt que d'être une fin en soi.

C'est pourquoi vous devez d'abord identifier ce qui compte vraiment pour vous, puis canaliser toute votre énergie pour y arriver.

6. Comment savoir quelle est votre raison d'être ?

Trouver votre raison d'être peut être un processus complexe. En fait, beaucoup de gens ont tendance à être stressés parce qu'ils ne trouvent pas ce qui les passionne. Cependant, il faut être patient et éviter de se mettre la pression.

Si vous voulez savoir quel est le but de votre vie, vous allez devoir faire beaucoup d'introspection pour mieux vous connaître et savoir où chercher.

IV/ Voici 7 stratégies pour trouver votre but dans la vie.

1. Donnez du temps, de l'argent ou des talents

Quelque chose qui peut vous aider à trouver votre raison d'être consiste à aider ceux qui vous entourent. Avoir une attitude altruiste, telle que faire du bénévolat dans une organisation, donner de l'argent à une association caritative ou simplement être empathique, vous procurera un sentiment de satisfaction et de bonheur.

2. Faites attention aux commentaires

Parfois, il est difficile de pouvoir réaliser les choses qui nous passionnent. Cependant, une façon de savoir découvrir notre but de vie est de demander aux personnes qui vous entourent ce qu'elles pensent de vous ou quelles qualités elles peuvent mettre en avant chez vous.

En outre, vous pouvez noter dans votre carnet chaque remarque que quelqu'un vous fait afin que vous puissiez analyser ces informations et rechercher des schémas répétitifs.

3. Entourez-vous de personnes positives
Vous ne pouvez jamais trouver votre but dans la vie si vous vous entourez de personnes négatives. Si vous commencez à vous entourer uniquement de personnes positives, elles vous inciteront à apporter des changements productifs pour trouver ce qui vous passionne.

4. Commencez à sortir avec de nouvelles personnes
Découvrez quel est le but de la vie d'une personne que vous ne connaissez pas. Bien que les conversations avec des inconnus puissent être gênantes au début, elles vous ouvriront les yeux sur de nouvelles activités, causes et opportunités de carrière dont vous ignoriez même l'existence.

Vous serez motivé pour essayer de nouvelles choses où vous pourrez éventuellement trouver votre but.

5. Explorez vos intérêts
Une autre façon de savoir découvrir le sens de la vie est de faire attention aux choses dont on aime parler et partager sur les réseaux sociaux. Ces choses peuvent être un indice qui révèle les véritables causes qui donnent un sens à votre vie.

6. Considérez les injustices qui vous dérangent
De nombreux buts de la vie reposent sur la lutte contre certaines injustices sociales. Par exemple, la maltraitance des animaux, la violation des droits civils, l'exploitation du travail, entre autres.

Identifiez la cause qui vous passionne et vous pourrez être plus près de trouver votre objectif.

7. Découvrez ce que vous aimez faire
Enfin, votre objectif de vie peut être fortement lié aux activités que vous aimez. Réfléchissez à vos compétences,

vos talents et vos passions et réfléchissez à la manière dont vous pouvez les transformer en quelque chose de plus significatif.

V/ Comment réaliser votre raison d'être ?

Une fois que vous avez trouvé votre raison d'être, il est important que vous vous sentiez suffisamment motivé pour continuer à vous dépasser pour atteindre vos objectifs.

Il existe trois facteurs de motivation intrinsèque pour que vous puissiez vous sentir motivé à changer vos habitudes et ainsi, atteindre votre but dans la vie.

1. L'autonomie

C'est la capacité que nous avons de faire les choses par nous-mêmes.

Vous devez être conscient que, quel que soit votre but dans la vie, tout dépend entièrement de vous et que vous êtes la principale source d'énergie pour avancer.

2. Le progrès

Il fait référence à la capacité que l'on génère tout au long du développement de l'habitude. Ce sentiment de remarquer les changements, petit à petit, est ce qui nous motivera. De même, le progrès nous donne la capacité de surveiller et de détecter quand quelque chose ne fonctionne pas afin de le corriger.

De cette façon, vous serez plus proche de la réalisation de votre objectif de vie.

3. Le but

C'est ce qui nous aide à nous connecter avec ce que nous voulons vraiment dans notre vie, nos valeurs et notre mission. Si les objectifs et les habitudes que nous voulons atteindre sont vraiment alignés sur notre objectif de vie, nous aurons plus de force pour y parvenir.

Savoir quel est le but de la vie est quelque chose que l'être humain attend depuis longtemps, et le nombre de publications qui existent sur de tels exemples et sur la motivation est très étendu.

Cela peut être intéressant de lire quelques livres et d'appliquer leurs conseils pour trouver un but dans la vie, car peut-être trouverez-vous des recommandations utiles pour changer votre vie et commencer à mieux vivre.

Ici, nous voulons partager avec vous quelques livres qui peuvent être très inspirants. Nous sommes sûrs qu'après les avoir lus, vous aurez une vision plus complète de la raison pour laquelle vous êtes venu au monde, et ils pourront vous montrer le chemin qui vous conduira à réaliser votre raison d'être.

✦ *Votre raison d'être*

Rien qu'en lisant le titre de ce livre, vous pouvez déjà avoir une bonne idée du sujet. C'est une sorte de guide grâce auquel vous pouvez découvrir votre raison d'être et commencer à identifier le sens que vous voulez donner à tout ce que vous faites.

Vous pouvez explorer quelques exemples d'objectifs de vie, et vous connecter avec vous-même pour savoir quel est votre chemin idéal.

Même si vous n'aimez pas beaucoup lire, il est fort probable que vous apprécierez les conseils qu'il donne pour vous aider à améliorer votre vie.

✦ Sept signes que vous êtes sur la bonne voie

Ce travail est l'un de ces outils que vous pouvez utiliser pour découvrir votre raison d'être et savoir si vous menez votre vie sur la bonne voie. Il existe sept signes que vous pouvez prendre comme référence pour savoir si vous vivez de la meilleure façon possible et si vous êtes sur la bonne voie pour accomplir votre raison d'être.

En résumé, voici ces recommandations :

1. Identifiez vos principes et vos valeurs, car ils vous servent de boussole et vous indiquent si vous faites effectivement ce que vous considérez comme correct.

2. Découvrez votre pouvoir personnel, car avec lui, vous pourrez reconnaître ce que vous pouvez réaliser et développer votre estime de soi.

3. Cherchez à savoir si le chemin que vous suivez est le bon, car votre objectif de vie peut impliquer d'opérer certains changements.

4. Choisissez un chemin qui vous passionne pour vous sentir satisfait de ce que vous faites.

5. Découvrez les possibilités dont vous disposez pour développer vos talents.

6. Énoncez clairement vos désirs et essayez de les réaliser.

7. Profitez du processus et ne vous concentrez pas uniquement sur les résultats.

Ces étapes peuvent vous aider à trouver votre but dans la vie.

✚ Une nouvelle terre : un éveil au but de votre vie

L'état actuel de l'humanité et les problèmes associés à l'ego, entre autres.

Si vous voulez découvrir le but de votre vie et commencer à vivre de manière plus consciente, c'est un bon livre pour commencer à enquêter sur le sujet et découvrir les moyens par lesquels vous pouvez y parvenir.

⚜ Vivre avec intention

Ce livre vous donne une série d'étapes que vous pouvez suivre pour découvrir votre but de vie.

Une fois que vous vous posez des questions comme :

« Quel est mon objectif ? » ;

« Comment puis-je servir ? » ;

« Est-ce que je vis avec intention ? »

Vous pouvez commencer à parcourir huit étapes de base qui commencent par le chemin de l'intention et se terminent par le début de la vie avec l'intention.

Cinq étapes pour découvrir votre mission de vie

il y a cinq étapes que vous devez franchir pour savoir quel est le but de votre vie, et ce guide de développement personnel explique quelles sont ces étapes et comment les franchir.

Ces conseils sont précieux pour les personnes qui recherchent leur but, notamment parce qu'ils expliquent comment vous pouvez utiliser vos compétences personnelles pour travailler sur ce que vous voulez et en tirer le meilleur parti.

De même, vous verrez comment vivre avec passion, comment valoriser vos talents et être satisfait de ce que vous obtenez de la vie.

Voici ces étapes :

1. Définissez votre but dans la vie.
2. Découvrez vos talents et capacités.
3. Trouvez des métiers liés à vos compétences.
4. Voyez comment votre profil correspond aux professions que vous avez trouvées.
5. Découvrez quelle est votre profession idéale et votre objectif de vie grâce à elle.

Partie II -
RÉFLÉTER LA CONFIANCE INFINIE À TOUS ÉGARDS

I / Comment transmettre la confiance

La confiance envers une autre personne s'acquiert lorsque le fait de l'aborder génère la certitude qu'à aucun moment elle ne profitera de nous ou n'agira d'une manière qui pourrait nous nuire.

Au contraire, dans cette approche, il devient clair qu'elle peut comprendre nos besoins, nos émotions et nos peurs.

Dans la société d'aujourd'hui, les menaces contre lesquelles nous devons nous défendre ne se concentrent pas sur les dangers des animaux sauvages ou sur les catastrophes naturelles, mais plutôt sur les menaces causées par l'invasion d'autres personnes qui, par leurs actions, peuvent nous nuire.

C'est pourquoi nous devons agir avec des mesures de protection comme mécanisme de défense.

Parmi ces mesures se trouve **la méfiance**.

Dans notre société, dès notre plus jeune âge, on nous apprend à se méfier pour se défendre ; par exemple, on nous apprend à ne pas approcher les étrangers.

Ces enseignements nous apprennent à nous méfier des autres et à de nombreuses reprises, cette tendance à la méfiance perdure jusqu'à l'âge adulte.

Ainsi, inspirer confiance aux autres consiste à créer une relation dans laquelle ils auront la certitude que nous ne sommes pas là pour leur nuire.

Rapprocher l'autre, lui faire comprendre qu'on ne va pas lui faire de mal est le premier point pour inspirer confiance. Si nous ressentons une méfiance, une peur ou une angoisse, cela peut être confondu avec de l'agressivité et à ce titre, cela générera du rejet ou de la méfiance de notre part.

Une approche sans peur inspire beaucoup plus de confiance, il convient donc d'agir en toute sécurité.

L'écoute active, c'est-à-dire savoir écouter avec intérêt, est une condition nécessaire pour inspirer confiance.

Si l'interlocuteur perçoit que ce qu'il dit est compris, il générera des émotions positives qui lui feront baisser ses barrières et avancer en confiance.

La communication non verbale, c'est-à-dire la façon dont nous communiquons avec les gestes et d'autres signaux est également un facteur qui va générer la confiance.

Regarder dans les yeux avec sincérité est un bon signe qui donne confiance.

En général, les personnes qui génèrent le plus de méfiance sont celles qui sont tellement centrées sur elles-mêmes ou sur des choses précises qu'elles ne s'intéressent pas aux émotions des autres.

Langage corporel et intelligence émotionnelle vont de pair. Votre corps exprimera forcément vos émotions, vous devez donc être détendu. Nous vous expliquons ici comment y parvenir.

La façon dont vous êtes perçu déterminera votre succès ; d'où l'importance de votre langage corporel. Nous pouvons tous arrêter de parler, mais pas de communiquer. Plus de 90 % de ce que vous exprimez est dit sans mots, juste par l'attitude de votre corps et personne n'échappe au pouvoir du langage corporel.

Ce n'est que si vous croyez que vous pouvez projeter la confiance et la sécurité que vous pourrez le faire.

Ce n'est que si vous croyez et voulez paraître digne de confiance et empathique que vous réussirez.

Le langage corporel et l'intelligence émotionnelle vont de pair et vos émotions sont exprimées par votre corps.

L'insécurité trouvera le moyen de s'exprimer, tout comme la détermination, la sécurité et le sentiment de confiance.

II/ Trois règles infaillibles

1. Pour que les autres vous fassent confiance, vous devez d'abord leur inspirer confiance (personne ne peut donner ce qu'il n'a pas).

2. Votre attention doit être dirigée à 100 % vers votre interlocuteur (ce n'est qu'ainsi que vous lui ferez savoir "vous êtes important pour moi").

3. Votre empathie est cruciale pour pouvoir vous connecter émotionnellement à l'autre personne : si vous allez dire bonjour, connectez-vous avec le plaisir de dire bonjour ; si vous allez résoudre un problème, connectez-vous avec le sentiment "comment me sentirais-je dans une situation similaire ?"

III/ Le grand secret

Toute posture rigide communique immédiatement un sentiment d'insécurité. La nervosité et l'insécurité se détectent dans votre visage, dans votre posture et dans la raideur de vos mains et de vos pieds.

Le principal secret est dans "votre détente" et pour atteindre cet état, vous devez d'abord avoir observé votre posture en position debout et vous concentrer sur l'image que vous souhaitez donner.
Personne ne corrige efficacement son langage corporel sans d'abord s'observer.
Une fois que vous avez pris conscience de l'importance de votre relaxation, faites attention aux conseils suivants :

1. Votre posture reflète votre confiance

La façon dont vous projetez votre confiance en position debout est peut-être l'une des tâches les plus difficiles à réaliser.

Vous vous demandez pourquoi ?
Parce que pour refléter la sécurité, votre posture doit "avoir l'air naturel", jamais mécanisée ou truquée.

► Votre menton doit toujours être à 90 degrés, jamais en dessous, au risque de refléter de l'insécurité, ni au-dessus sous peine de communiquer un sentiment d'arrogance.

► Gardez le dos droit mais ne gonflez pas votre poitrine, le secret est de rejeter un peu les épaules en arrière.

► Vos jambes doivent être détendues, avec une ouverture naturelle à la largeur des épaules.

2. Que faire de ses mains en position debout ?

Chacun d'entre nous, en prenant soin de sa posture debout, s'est demandé « qu'est-ce que je fais de mes mains ? »

Très simple.

En position debout, faites un tout petit pas en arrière avec votre jambe droite (avec votre gauche si vous êtes gaucher) et pliez légèrement le genou de la jambe opposée. De cette façon, vous refléterez une plus grande sécurité et, en plus, vos bras seront naturellement et automatiquement en avant. Ainsi, le sentiment de les occuper diminuera immédiatement.

3. Bien accueilli, attentif et détendu

Beaucoup d'entre nous pensent que serrer la main n'est qu'un acte de courtoisie. Mais sachez que c'est aussi une excellente occasion d'inspirer confiance et leadership dans les affaires.

C'est le premier contact tactile qui initie une relation, une affaire, une vente, une solution.

▶ Regardez de la personne que vous saluez les yeux, pas sa main.

▶ Votre paume de main s'offre de manière droite et les doigts tendus.

▶ Ne fermez pas votre main avant l'heure : votre pouce doit épouser parfaitement celui de votre interlocuteur. Ce n'est qu'à ce moment que vous devez exercer la pression.

90 % des gens ne sont pas conscients de ce petit détail, mais néanmoins important.

▶ Donnez une poignée de main ferme, sans laisser mollement votre main dans celle de votre interlocuteur, mais sans lui casser la main non plus !

▶ Souriez ! Nous aimons tous avoir affaire à des gens sympathiques et souriants plus qu'à des gens sérieux et inexpressifs.

Rappelez-vous la dernière fois que quelqu'un vous a salué et demandez-vous si vous avez eu le sentiment que peu importait qu'il vous salue ou non.

4. Surveillez votre ton et le volume de votre voix

Si vous pensiez que votre voix appartenait au domaine du langage verbal, vous vous trompiez. Ce sont les mots que vous dites qui font partie de cette zone, mais votre ton de voix et votre volume expriment des messages non verbaux, tels que votre sécurité, votre calme, votre colère, votre anxiété, etc.

Lorsque vous vous présentez, n'oubliez jamais de dire votre nom avec confiance et à un volume légèrement supérieur à celui auquel vous êtes habitué.

Comme je l'ai déjà dit, votre ton de voix est associé à vos émotions. Un message du type "Comment allez-vous, c'est un plaisir de vous rencontrer" peut être imaginé sur un ton joyeux, sérieux, en colère, indifférent ou froid.

Vous devez rendre le ton de votre voix cohérent avec le message que vous souhaitez envoyer. Si votre souhait était d'inspirer confiance, le diriez-vous très sérieusement ?

N'oubliez pas que pour que les autres vous fassent confiance, vous devez d'abord leur inspirer confiance et, comme vous l'avez peut-être remarqué, cela nécessite une pratique constante et consciente.
La prochaine fois que vous interagissez avec quelqu'un, soyez attentif à votre langage corporel et prenez soin de chacun des aspects qui influencent la façon dont vous voulez être perçu.

Chapitre 5 -
Changer Sa Perception Des Choses

Je pense que nous cherchons tous, dans une plus ou moins grande mesure, à atteindre un sentiment d'épanouissement personnel qui nous remplit émotionnellement.

Et sans aucun doute, l'un des meilleurs moyens d'y parvenir est de construire une perception positive de la vie. Laissez-moi vous montrer ci-dessous trois clés simples qui peuvent vous aider à le faire :

1-Faites taire votre critique intérieur
À de nombreuses reprises, inconsciemment, à travers notre dialogue intérieur, nous devenons notre pire ennemi. En répétant certains schémas de communication négatifs, sans nous en rendre compte, nous bombardons notre capacité à nous sentir bien et à profiter de chaque instant de notre vie.

Prenons l'exemple d'une personne qui, en se rendant à une présentation, se répète mentalement

« Je pense que ça va mal se passer » ;
« Je manque de préparation et de capacité pour le faire » ;
« Je suis sûr qu'ils formuleront des objections auxquelles je ne pourrai pas répondre. », etc.

Évidemment, avec ce genre de dialogue interne, vous garantissez qu'au final, la présentation sera un désastre absolu.

Ce "critique intérieur" mine votre capacité à fonctionner, et à faire ressortir la meilleure version de vous-même. Et c'est quelque chose qui est malheureusement très courant chez beaucoup de gens. En n'arrêtant pas ce genre de dialogue interne négatif, ils ont permis qu'il devienne une habitude qui peut avoir des conséquences désastreuses sur leurs performances et leurs résultats.

Par conséquent, un bon exercice consiste à commencer à prendre conscience de ce à quoi ressemble habituellement ce dialogue interne que vous avez habituellement avec vous-même. A-t-il tendance à être positif, ou au contraire est-il négatif ?.

Soyez honnête, car il dépend de cette auto-observation que vous puissiez arrêter cette dynamique mentale négative pour commencer à la remplacer par une autre, plus positive.

Chaque fois que vous détectez un dialogue négatif, arrêtez-vous un instant. Lancez un "stop" mental, réalisez-le et transformez immédiatement ce dialogue interne en un autre format, plus positif, qui vous responsabilise et vous permet de vous recentrer progressivement dans votre meilleure version.

2-Recentrez votre attention
Ce sur quoi nous nous concentrons a une importance capitale sur ce que nous ressentons. Si vous vous sentez régulièrement déprimé ou déprimé, ce n'est peut-être que parce que vous ne regardez que les choses qui ne fonctionnent pas dans votre vie ?

En être conscient en imprimant un léger changement d'orientation pour concentrer votre attention de manière plus positive sur des choses qui fonctionnent déjà ou qui pourraient bien fonctionner peut tout changer.
Le moyen le plus rapide de transformer votre état émotionnel en un état positif est un changement d'orientation. Utilisez la dynamique de travail naturelle de l'esprit humain à votre avantage : si vous vous concentrez sur le positif, vous ne pouvez pas vous concentrer simultanément sur le négatif et vice versa.

Par conséquent, vous avez là un outil absolument efficace pour transformer ce que vous ressentez.

Beaucoup de gens consacrent l'essentiel de leur énergie à se concentrer sur des choses qu'ils ne peuvent pas contrôler : ils pensent à l'attitude de leur partenaire, de leur patron, de leurs collègues, de leurs enfants, etc., alors que c'est quelque chose qui ne dépend pas d'eux.

S'ils changeaient d'orientation pour interpréter tout cela de manière plus positive, leur efficacité et leur perception feraient un bond en avant spectaculaire.

Vous ne pouvez pas contrôler que vous vous retrouvez soudainement dans un embouteillage. Mais bien sûr, vous pouvez contrôler la façon dont vous réagissez à être coincé dedans.

Quelle que soit la situation, vous pouvez toujours choisir une approche positive à toute situation.

3-Passez à l'action

La seule dynamique qui finira par générer des résultats positifs durables est une dynamique orientée vers l'action.

À quoi sert l'inspiration si elle n'est pas suivie d'action ? Quelle est l'utilité d'être la personne la plus rêveuse et la plus inspirée du monde si vous ne confirmez pas ensuite ces intentions par l'action ?

Beaucoup de gens se sentent mal dans leur vie parce qu'ils savent ce qu'ils doivent faire, mais qu'ils ne le font pas !

La meilleure façon de révolutionner positivement votre vie est d'initier un plan d'action puissant qui, étape par étape, vous mènera vers vos véritables désirs et aspirations. Le fait de profiter du processus et réaliser que c'est précisément à ce titre que l'être humain doit agir, c'est là que réside le grand secret de son épanouissement personnel.

C'est en étant meilleur aujourd'hui qu'hier que se trouve l'une des grandes clés du vrai bonheur. Je vous garantis que vous commencerez à vous sentir de mieux en mieux chaque jour, dans la mesure où vous serez capable d'avancer constamment en faisant chaque jour un pas de plus vers vos rêves.

Quand on prend conscience que chaque instant de notre vie est une nouvelle opportunité de recommencer, d'avancer, de réessayer ou de continuer à grandir, tout se transforme !

Chapitre 6 -
Développer L'amour De Soi

Vous souhaitez renforcer votre amour de soi ? Nous vous donnons neuf conseils que vous pouvez appliquer dans votre routine pour augmenter cet amour de soi de manière saine.

On dit souvent que pour apprendre à aimer les autres, il faut d'abord apprendre à s'aimer soi-même. Bien que cette phrase soit vraie, elle a tendance à être associée uniquement aux relations.

La vérité est que l'augmentation de votre estime de soi vous permet de vous prioriser dans différents contextes.

Bien que beaucoup l'ignorent, l'estime de soi a une plus grande importance que ce qu'on lui attribue dans la société, même si certains troubles émotionnels comme le stress, l'anxiété ou la dépression y sont associés.

De même, il s'agit de bien-être social, d'habitudes de vie, de projets futurs et de relations interpersonnelles.

Alors comment augmenter l'amour de soi ?

I/ Qu'est-ce que l'amour de soi ?

L'amour de soi n'est pas un concept inventé pour vendre des livres d'entraide.

Ce n'est pas non plus une idée métaphysique ou une carte dans votre manche qui vous permet de résoudre tous les problèmes de votre vie, rien n'est plus éloigné de la réalité.

C'est un concept qui a suscité des siècles de débat et qui implique une action à tout moment.

Santo Tomas et San Agustín ont abordé l'idée de l'amour-propre, sans mentionner les fleuves d'encre qu'ils ont occasionné chez les écrivains et les philosophes.

En général, il est lié à des termes tels que l'estime de soi, l'acceptation de soi, le bien-être émotionnel et la résilience.

Contrairement à ce que beaucoup pensent, cela n'a rien à voir avec le narcissisme, l'orgueil, l'ego, l'arrogance ou la vanité.

Il s'agit de la capacité que vous avez à valoriser ce que vous faites, ce que vous êtes, vos capacités et l'estime que vous avez de vous-même.

Pour éloigner le concept des idées négatives évoquées, certains psychologues préfèrent le terme d'estime de soi. Dans tous les cas, la bienveillance fait partie de votre vie et de vos relations avec les autres. Le manque d'amour de soi (faible estime de soi) est lié à des déséquilibres dans presque tous les aspects de votre vie quotidienne.

L'amour de soi est ce qui vous permet de valoriser qui vous êtes. De votre physique à vos capacités mentales et vos émotions.

II / Sept conseils pour augmenter votre amour de soi

À présent, il est devenu clair que s'aimer soi-même n'est pas une idée à ignorer. Compte tenu de son importance, tout le monde devrait le cultiver.

Heureusement, il existe de nombreuses façons de le faire. Voici sept conseils.

1. Apprenez à vous pardonner

L'une des premières choses que vous devez apprendre pour augmenter votre amour-propre est de vous pardonner. Arrêtez votre lecture et essayez de définir rapidement ce qu'est le pardon.

Vous l'avez probablement défini comme "l'acte dans lequel les rancunes et les sentiments négatifs envers quelqu'un sont oubliés".

C'est une définition valable, bien que le pardon ne consiste pas seulement à laisser derrière soi des actions ou des paroles envers quelqu'un.

Les paroles ou les faits ne peuvent pas être annulés, ils seront toujours là. Mais vous pouvez vous réconcilier avec eux, les prendre dans leur contexte et comprendre et accepter qu'ils n'ont pas à conditionner votre humeur ou vos sentiments.

Pensez maintenant au pardon de soi. Il consiste à se réconcilier avec ce que vous avez dit, ce que vous avez fait et même avec ce que vous avez pensé dire ou faire.

N'oubliez pas et ne prétendez pas que ce que vous avez fait ou dit ne s'est jamais produit, mais apprenez à ne pas nourrir de sentiments négatifs à cet égard.

C'est un processus que vous ne pourrez clore que si vous décidez de commencer à l'explorer.

2. Comprenez qu'il y a des choses que vous ne pouvez pas contrôler

L'un des grands obstacles à l'augmentation de votre estime de soi est d'assimiler qu'il y a des choses que vos actions ne peuvent pas contrôler. Si vous insistez pour contrôler l'incontrôlable, vous vous retrouverez dans une boucle qui ne fera que vous enfoncer davantage dans l'abîme des ténèbres.

Par exemple, vous ne pouvez pas contrôler les actions des autres (et vous n'en êtes pas non plus responsable) ; l'incertitude de l'avenir ; les décisions passées de vos parents ; votre nationalité ; la société dans laquelle vous vivez ; les opinions de votre famille ou l'opinion que les autres ont de vous (même lorsque vous l'influencez).

Dès que vous comprendrez cela, vous ferez un pas de géant pour renforcer l'amour que vous avez pour vous-même. Tout ne peut pas s'adapter à ce que vous attendez. Et tant mieux, car cela ne doit pas conditionner votre humeur ou vos attentes envers vous-même.

3. Prenez soin de votre santé physique

Il est clair que prendre soin de votre santé est une partie essentielle de ce processus. C'est très bien que vous vous acceptiez comme vous êtes, mais cela ne doit pas remplacer un mode de vie sain.

L'exercice, par exemple, est lié à la libération d'hormones qui vous aident à vous sentir bien pendant et après l'activité.

Vous libérez notamment de la dopamine, des endorphines et de la sérotonine, aussi appelées hormones du bonheur ou du plaisir. Leur stimulation est une injection naturelle d'estime de soi.

Augmenter les performances, atteindre les objectifs, rester en forme et recevoir des compliments des autres renforce l'estime de soi. Elle peut également s'activer en vous habillant bien, en mangeant sainement et en adoptant d'autres bonnes habitudes.

4. Prenez soin de votre santé mentale
La santé émotionnelle est aussi importante que la santé physique. Il existe de nombreuses façons de la renforcer, ce qui aura un impact direct sur l'augmentation de votre estime de soi. Voici quelques conseils que vous pouvez suivre pour cela :

- Évitez de vous concentrer uniquement sur le travail. ;
- Partagez quotidiennement avec votre famille et vos amis ;
- Ne vous contentez pas de consommer des mauvaises nouvelles. Chaque fois que vous le pouvez, éloignez-vous des drames et autres catastrophes.
- Réduisez le stress autant que possible ;
- Évitez les environnements toxiques ;
- Apprenez et appliquez des techniques de méditation et de respiration pour faire face aux moments difficiles ;
- Faites du repos une priorité dans votre vie ;
- Profitez de la nature ;
- Incluez des habitudes positives dans votre vie, comme lire, écrire et sourire.

5. Faites-vous un compliment au moins une fois par jour

Est-ce de la vanité de vous complimenter sur quelque chose que vous avez fait pendant la journée ?

Pas du tout ! Cela n'a pas besoin d'être de grands compliments. Même les plus petits détails méritent des félicitations si elles sont faites avec de bonnes intentions.

Se complimenter est un signe d'approbation et de reconnaissance.

Vous avez préparé un plat dont le résultat a dépassé vos attentes ? Eh bien, fêtez-le.

Vous avez augmenté vos performances en salle de sport ? Soyez fier de vous.

Vous avez réussi à surmonter un obstacle ? Accordez-vous une récompense.

De cette façon, vous apportez votre grain de et augmenterez votre estime de soi.

6. N'ayez pas peur d'exprimer vos émotions

Il n'est pas rare que l'amour de soi soit associé à la répression des émotions. Comme nous l'avons indiqué dans une section précédente, la clé est de ne pas oublier ou laisser certaines choses derrière nous. Une partie du problème réside dans la division classique des émotions positives et des émotions négatives (bonnes et mauvaises).

L'amour, la gratitude, la joie, les soins, la confiance et l'enthousiasme – pour n'en nommer que quelques-unes – sont souvent classées comme positives.

La colère, la peur, la tristesse, la culpabilité, la honte ou la jalousie sont négatives.

Mais il n'y a pas de bonnes ou de mauvaises émotions, seulement des émotions.

N'ayez pas peur de les exprimer, il n'y a rien de bon à retirer de la répression des émotions. Elles sont toutes naturelles, elles font partie de vous et font de vous ce que vous êtes.

Vous n'êtes pas une machine, vous ne pouvez pas choisir de ne pas avoir d'émotions, ni choisir si elles font partie de vous ou non.

Travailler sur la façon de les contrôler ou de les accepter fait partie du processus pour augmenter votre estime de soi.

7. Faites-vous plaisir régulièrement

Pour finir, nous vous donnons quelques conseils qui auront un impact très positif sur votre vie ; offrez-vous régulièrement des cadeaux.

Encore une fois, nous proposons un exercice en sens inverse. Pensez à la dernière fois que vous avez offert un cadeau à quelqu'un. Vous avez sûrement fait attention au choix, vous en avez choisi un qui a surpris et vous avez soigné les détails de son emballage pour le rendre encore plus impressionnant.

Eh bien, pourquoi ne pas faire la même chose avec vous-même ?

Qu'y a-t-il de mal à appliquer ces trois étapes à vous-même ?

Il ne s'agit pas de choses que vous achèteriez en pensant "Je le mérite". Non. Nous parlons de vrais cadeaux que vous vous offrez comme si vous les offriez à quelqu'un d'autre.

Chapitre 7 -
Acquérir Continuellement
De Nouvelles Connaissances

L'acquisition de connaissances est fondamentale pour développer la pensée critique, la résolution de problèmes et la créativité.
De nos jours, il est courant d'entendre l'idée qu'orienter l'éducation vers l'acquisition de connaissances n'est plus important, car tout est à notre portée sur internet.

Ceux qui défendent cette position ajoutent souvent que ce qui compte vraiment, c'est d'apprendre à résoudre des problèmes, de développer l'esprit critique et de favoriser la créativité.

Cependant, si nous revenons à ce que la science a découvert sur la façon dont ces types de compétences hautement souhaitables sont développés, nous réalisons rapidement que de telles suggestions sont complètement contradictoires : le développement de la créativité, de la résolution de problèmes et de l'analyse critique, entre autres compétences, dépend fondamentalement de l'acquisition des connaissances.

Or, ces connaissances doivent être significatives, c'est-à-dire qu'elles doivent être connectées les unes aux autres et organisées autour de grandes idées, ce qui implique qu'elles soient douées de compréhension et transférables à des situations nouvelles. En d'autres termes, il doit s'agir de "connaissances approfondies".

Une connaissance approfondie est précisément ce qui fait la différence entre les experts et les débutants dans n'importe quel domaine. Mais un expert se distingue, non seulement par son niveau plus élevé de connaissances, mais aussi par le fait que grâce à elles, il peut percevoir, interpréter, organiser et utiliser les informations qu'il reçoit d'une manière très différente de ceux qui ne les ont pas.

Cela se traduit par un énorme avantage dans l'apprentissage, le raisonnement, la création de solutions et la résolution de problèmes dans votre discipline, ainsi qu'une plus grande capacité à transférer vos connaissances et compétences vers d'autres domaines de connaissances ou votre vie personnelle et professionnelle.

Tout d'abord, les personnes expérimentées peuvent repérer des modèles que les novices ne possèdent pas encore. En effet, les experts ont intégré des ensembles de données et des idées dans des unités plus grandes qui leur sont significatives. Par exemple, lorsque les experts et les novices aux échecs disposent de cinq secondes pour regarder un échiquier en jeu, les experts sont capables de se souvenir des positions de toutes les figures, tandis que les débutants peuvent à peine se souvenir de huit.

En effet, les experts ne voient pas autant de figures et de positions qu'il y en a sur le tableau, mais ils perçoivent les schémas qu'elles forment et n'ont qu'à retenir ces quelques combinaisons qui, pour eux, ont du sens.

En fait, cela ne se produit que si la situation représentée sur le plateau correspond à des positions de pièces d'une partie réelle. Si les pièces sont placées au hasard, les experts ne sont pas capables de retenir plus de pièces que les débutants.

Précisément, la richesse et l'organisation des connaissances préalables des experts les rend également plus efficaces pour raisonner sur des problèmes ou des situations liés à leur discipline. En effet, la mémoire de travail, la faculté qui détermine la quantité d'informations auxquelles nous pouvons prêter attention et que nous pouvons manipuler mentalement à un moment donné est très limitée, mais elle fonctionne plus efficacement lorsque nous avons des connaissances bien connectées et organisées à ce sujet.

Disons que cette connaissance "occupe" moins de place en elle et laisse la place pour inclure d'autres éléments et opérer avec tous à la fois.

De plus, les experts accèdent à leurs connaissances de manière fluide et peuvent les utiliser sans presque aucun effort cognitif.

Le cas le plus extrême se produit lorsqu'ils atteignent l'automaticité dans certaines tâches, ce qui leur permet de les exécuter sans y prêter attention. C'est précisément ce qui se produit lorsque nous pouvons décoder les mots d'un texte écrit simplement en les regardant, sans même en avoir l'intention.

Revenant à l'exemple des échecs, pour une situation donnée sur l'échiquier, les experts réduisent automatiquement les coups possibles à quelques options, les plus qualitatives, et décident d'une manière qui leur est presque intuitive, mais qui fait vraiment appel à leurs connaissances antérieures.

En termes de résolution de problèmes, bien qu'il existe des stratégies générales, celles-ci ne sont pas aussi efficaces que les stratégies spécifiques à chaque domaine, et reposent également sur des connaissances approfondies. En effet, les premières sont qualifiées de "méthodes douces" et les secondes de "méthodes fortes", précisément en référence à leur efficacité.

Ainsi, lorsqu'il s'agit d'aborder des problèmes, les personnes expertes s'appuient sur leurs connaissances, connectées et organisées autour de grands concepts, pour transcender l'aspect superficiel de la situation problématique et identifier les principes fondamentaux qui la sous-tendent.

Cette capacité d'abstraction explique la plus grande capacité des experts à transférer leurs connaissances à des situations complètement nouvelles. En fait, les experts ont des idées qui les aident à déterminer quand ce qu'ils savent est applicable et quand ce n'est pas le cas. Sans cette connaissance, le débutant ne sait même pas par où commencer ni de quelles informations il aura besoin pour résoudre le problème en question.

Quant aux compétences d'analyse critique, s'il est certes possible d'enseigner des attitudes de pensée critique aux élèves, il est difficile de les mettre en pratique s'ils n'ont pas les connaissances approfondies qui leur permettent de contraster les informations qu'ils reçoivent.

Encore une fois, pour avoir une attitude critique face à une nouvelle information, il est important d'avoir les connaissances qui permettent de bien l'interpréter, ainsi que d'évaluer la cohérence et l'homogénéité des données qu'elle fournit.

En ce qui concerne la créativité, il suffit de voir la productivité des grands compositeurs musicaux de l'histoire pour apprécier que presque aucun d'entre eux n'a créé de chefs-d'œuvre avec moins de dix ans de préparation. La créativité est la capacité à générer de nouvelles solutions en combinant les connaissances existantes d'une manière différente. Bien que l'expression "l'imagination est plus importante que la connaissance" soit célèbre, la vérité est que sans connaissance, il ne peut y avoir d'imagination.

En plus de ces compétences importantes, nous ne pouvons pas oublier que d'autres, aussi fondamentales que la compréhension en lecture, dépendent aussi intimement des connaissances. En fait, les preuves montrent qu'après l'exigence essentielle d'apprendre à décoder les symboles écrits en sons de la parole (et d'acquérir l'automatisation à cet égard), le facteur le plus important pour le développement de la compréhension en lecture est la connaissance du lecteur…

Cette connaissance est non seulement essentielle, car elle permet de comprendre plus de vocabulaire, mais surtout car elle permet de faire des inférences.

Les textes, en particulier littéraires, ne fournissent pas toujours explicitement toutes les informations sur ce qu'ils transmettent, mais ils s'appuient souvent sur les connaissances du lecteur pour éliminer les détails et être plus fluides à lire. C'est pourquoi il est essentiel d'avoir ces connaissances pour ne pas perdre le fil.

Bref, bien qu'internet soit un jalon culturel sans égal pour notre espèce, comme l'a été l'écriture et plus tard l'imprimerie, cela ne signifie pas que nous pouvons lui déléguer les connaissances dont nous avons besoin pour effectuer des tâches cognitives supérieures.

Si la connaissance n'est pas dans notre cerveau, nous ne pourrons pas développer les compétences supérieures dont on parle tant.

En résumé, demandez-vous si vous vous laisseriez conseiller ou opérer par un médecin qui a tout regardé sur internet.

Chapitre 8 -
Savoir Dire Non

Dans leur vie de tous les jours, de nombreuses personnes en manque d'affirmation de soi rencontrent de la difficulté à dire non.

La plupart du temps, cela leur arrive à cause des éventuelles conséquences négatives que peut avoir un refus, même si cela va à l'encontre de leurs principes, de leurs désirs ou de leurs besoins.

Et c'est là que l'affirmation de soi est un pilier fondamental de notre estime de soi, car elle nous permet de communiquer efficacement et de valoriser nos droits et nos opinions.

Si vous êtes une personne qui a du mal à refuser par peur de ce qui pourrait arriver, mais que vous voulez changer cela, lisez la suite.

Dans cet article, nous expliquons l'importance de savoir dire « non » et comment vous pouvez commencer à travailler dessus.

I/ Pourquoi est-il important de savoir dire « non » ?

La clé pour savoir comment refuser est l'affirmation de soi. Savoir dire « non » n'influence pas la motivation d'une personne à commencer à mettre en pratique une stratégie assertive.

Et lorsque nous disons « non » à quelqu'un qui nous dit de faire quelque chose qui va contre nos valeurs, nous évitons et favorisons une série de facteurs.

1. Nous évitons les manipulations. En faisant quelque chose que nous ne voulons pas faire, nous avons l'impression d'être manipulés et exploités. Cela nous amène à ressentir du ressentiment envers la personne qui nous abuse.

2. Nous renforçons l'estime de soi. Refuser augmente notre confiance en soi et le sentiment de liberté. Elle nous permet de développer la confiance en nous, de savoir prendre nos propres décisions et d'orienter notre vie.

3. Nous évitons d'éventuelles complications. Si nous ne refusons pas, nous pouvons nous voir impliqués dans des situations que nous regretterons plus tard. Cela générera un malaise émotionnel et de la négativité envers nous-mêmes.

II/ Et pourquoi avons-nous peur de dire « non » ?

Selon le type de situation, il est normal que nous ayons peur de refuser quelque chose. Mais quand nous cédons continuellement à des demandes qui vont contre nos valeurs, cela devient problématique.

Cela est lié tout d'abord au sentiment de culpabilité et à l'idée d'être une mauvaise personne. Pour éviter de vivre cela, nous cédons automatiquement.

Deuxièmement, en raison d'éventuels conflits ultérieurs ou représailles. Les personnes peu assertives anticipent le fait que, si elles ne refusent pas la demande, cela déclenchera un conflit majeur qu'elles ne sauront pas gérer.

Enfin, certaines personnes n'osent pas refusent de peur de déclencher une colère. L'idée que le refus provoquera de la colère et même une perte de relation avec les autres est anticipée.

III/ Les clés pour savoir dire non avec assurance

La première chose que vous devez faire avant de vous entraîner est d'identifier les situations dans lesquelles vous ne savez pas comment dire non, comment cela vous arrive et avec qui.

Réfléchissez à vos émotions, à ce qui vous amène à dire oui et si cela fonctionne vraiment pour vous.

Lorsque vous avez identifié les situations et vos préoccupations, il est temps de mettre en pratique les conseils que nous vous donnons ci-dessous. Et rappelez-vous : vos raisons de dire « non » à quelque chose sont tout aussi valables et respectables que celles de n'importe qui d'autre.

✦ Pratiquez le « non »

Tenez-vous devant un miroir et répétez des phrases comme "Je suis désolé, mais je ne le ferai pas". Il s'agit de visualiser les différentes situations dans lesquelles vous savez que les gens vont vous dire de faire quelque chose et que vous voulez dire « non ».

⊥ Excusez-vous uniquement lorsque cela est nécessaire

S'excuser après avoir refusé n'est pas une mauvaise chose. Il s'agit que les excuses ne soient pas excessives, au risque d'affaiblir la portée du refus que vous avez donné. Vous pouvez vous excuser légèrement en disant « je suis désolé de dire non à votre proposition » ou « je suis désolé, mais la réponse est non ».

⊥ Soyez empathique, pas sympathique

Les deux termes ne doivent pas être confondus. Être empathique implique d'écouter l'autre, tandis que la sympathie se limite à répondre. Normalement, nous répondons « oui » pour nous aimer et avoir l'approbation de l'autre personne. Essayez donc d'être empathique.

⊥ Dire un « non » retentissant, mais sans agressivité

Les bonnes manières sont importantes, il est donc important de dire non sans être agressif, de manière claire et calme.

Partie III -

TRIOMPHER GRÂCE AU POUVOIR
DE LA CONFIANCE EN SOI

I/ Le pouvoir d'attraction vient de la confiance en soi

L'attirance mentale est souvent beaucoup plus forte que l'attirance physique. Grâce à elle, un impact se crée auquel on ne peut échapper, même en fermant les yeux. Cependant, pour créer cet effet, nous devons d'abord travailler sur une confiance en soi adéquate, car rien n'a plus de pouvoir d'attraction que le sentiment de mérite.

En parlant de cette dimension, il ne faut pas penser exclusivement au domaine de la séduction, à ces arts captivants où des stratégies judicieuses peuvent être mises au point pour conquérir un éventuel partenaire affectif.

Les gens ont souvent besoin de mettre en pratique leurs compétences d'attraction dans des buts très différents : décrocher un emploi, attirer de nouveaux clients, faire plaisir à ceux qui nous entourent, créer un impact sur un groupe de certaines personnes...

On parle bien sûr de réussite sociale. Mais il y a un aspect essentiel qui forme la colonne vertébrale de la dimension intéressante du pouvoir d'attraction et que l'on méconnaît souvent. Pour exercer une impression positive, captivante ou attirante sur ceux qui nous précèdent, nous devons toujours rester fidèles à nous-mêmes.

Parce que le mensonge ne tient pas sur la durée, qu'il a un côté hypocrite et peu de manichéisme spontané, la fameuse phrase « toujours être soi-même » n'est pas un simple cliché.

Cette phrase est une réalité, car sous l'authenticité, il y a beaucoup plus de racines qui la nourrissent et la façonnent : la confiance en soi, une croissance personnelle adéquate, la certitude que nous méritons ce que nous voulons et une touche d'aisance magique qui s'acquiert petit à petit, avec l'expérience.

Nous vous proposons de vous plonger dans les dimensions intéressantes qui sous-tendent le pouvoir d'attraction.

1.   Les deux curieuses lois du pouvoir d'attraction
dans le domaine de l'attraction humaine, on peut distinguer deux types de lois qui nous intéresseront beaucoup et qui expliqueraient, d'une certaine manière, bon nombre de ces sensations que nous avons tous eues.

2.   La réciprocité
L'une des forces les plus puissantes dans le domaine de l'attraction est le principe de réciprocité. Nous sommes attirés par les personnes qui nous prennent en compte et font spontanément des choses pour nous.

Ce sont des personnalités avec une grande ouverture émotionnelle, qui transmettent la confiance et qui, à leur tour, mettent en pratique cette réciprocité authentique où elles acceptent de recevoir, mais surtout, où elles privilégient l'offre.

3.   Incertitude
D'autre part, on parle aussi du principe d'incertitude. Cette loi vient de la physique. Cependant, elle s'applique aussi au domaine comportemental, car elle définit quelque chose d'aussi curieux qu'évident.

Nous parlons de cette influence presque magnétique exercée par de nombreuses personnes sans que nous sachions très bien pourquoi.

Elles maîtrisent les arts de la persuasion, du mystère et de la confiance en soi. Elles captent notre attention car on ne sait pas très bien à quoi s'attendre et que l'incertitude devient un véritable challenge pour notre cerveau.

II / Les trois types de connexions émotionnelles dans le domaine de l'attraction

Le pouvoir d'attraction est intimement lié au monde émotionnel. Enveloppante et même hypnotique, cette énergie contagieuse est issue de trois types de connexions bien spécifiques. Ce sont les suivants :

✦ Confiance et confort

Lorsqu'une personne nous fait du bien, lorsqu'elle sait mettre en pratique une ouverture émotionnelle adéquate basée sur la confiance et la proximité, elle parvient à captiver de manière très positive.

✦ Intelligence émotionnelle

Cette dimension est intimement présente dans chacun des domaines de notre vie. Le pouvoir d'attraction se nourrit directement de ses piliers : l'empathie, l'affirmation de soi, l'estime de soi ou encore, les bonnes capacités de communication, qui sont des dimensions « magiques » pour se connecter avec ceux qui nous entourent.

✦ Singularité

Dans cette dimension, elle est intégrée au principe d'incertitude. Nous pourrions la définir comme notre « sceau ». Nous avons tous « quelque chose » en nous qui nous rend uniques et, à notre tour, imprévisible pour un observateur extérieur. Trouver cette nuance de "pouvoir" peut être notre meilleur avantage sur les autres.

III/ Développer la confiance en soi pour « activer » sa capacité à attirer

Nous pouvons décrire la confiance en soi comme cette manière authentique, pleine et respectueuse d'être en relation avec nous-même.

Visualisez un instant une terre aride, sans fleurs, sans arbres. Il n'y a pas de vie, il n'y a pas de beauté, seulement de la solitude. Pour atteindre une bonne estime de soi, nous devons semer de nombreuses graines sur cette terre aride. Toutes ces plantes s'épanouiront et avec le temps, feront de vous une personne beaucoup plus belle et attirante, car vous leur transmettrez tempérance et sécurité.

Cependant, ce qui vous rend vraiment fort, ce sont les racines qui sont souterraines, celles qui vous donnent de la fermeté et qui vous rappellent chaque jour que vous méritez ce que vous cherchez, et que vous pouvez réaliser ce que vous voulez si vous y tenez.

C'est là que se trouve la confiance en soi, cette chose que personne ne voit mais que l'on acquiert avec le temps.

Pour y parvenir, réfléchissez quelques instants aux dimensions suivantes :

- Apprenez à dépendre de vous-même, soyez votre propre dispensateur d'estime de soi. Vous n'avez besoin de personne pour vous dire ce que vous valez ou ce que vous méritez.

- Soyez tolérant envers vos erreurs et ne sous-estimez jamais vos réalisations.

- Osez chaque jour sortir de votre zone de confort, faites de vos peurs des défis quotidiens.

- Pouvoir voir les autres de la même façon que vous vous voyez : avec respect, avec curiosité, avec affection...
- Ne jamais vouloir être quelque chose que l'on n'est pas : le mensonge ne cadre pas avec le pouvoir d'attraction.

Enfin et surtout, essayez de découvrir jour après jour ce qui vous différencie des autres, ce qui vous rend unique et spécial. C'est là que se trouve ce détail singulier qui donne forme au principe d'incertitude qui opère tant dans le pouvoir d'attraction.

Chapitre 9 -
Relever De Nouveaux Défis

Chaque jour est une nouvelle opportunité de grandir et de relever de nouveaux défis qui vous permettent de grandir et de devenir une meilleure version de vous-même. Cependant, pour être honnête, relever ces nouveaux défis est une tâche qui vous remplit de doutes, d'incertitudes et de peurs, car affronter l'inconnu n'est pas une tâche simple ou facile à assimiler.

Il y a quelque chose à laquelle vous n'avez peut-être pas cessé de penser, c'est que ces nouveaux défis donnent à votre vie cette touche d'adrénaline qui vous maintient en vie et concentré sur l'objectif que vous voulez atteindre. C'est pourquoi, au lieu d'éviter de faire face à de nouvelles choses, choisissez de prendre des risques qui donnent un peu de piquant à votre vie et vous permettent de vous remplir de nouvelles expériences.

À cette occasion, nous voulons partager avec vous cinq conseils qui vous seront d'une grande aide lorsque ces nouveaux défis se présenteront à vous. Ils vous permettront de voir ces peurs comme de belles opportunités de croissance.

1. Donnez le meilleur de vous
Quel que soit le défi auquel vous faites face, donnez-vous à fond et mettez-y toute votre énergie pour le porter en avant et le faire progresser.
Tout cela pour qu'en cas d'échec, vous sentiez que vous avez donné le meilleur de vous-même et que cela ne devienne pas une source de frustration mais une source de fierté qui vous pousse à persévérer.

2.   Quels avantages aurez-vous ?

Lorsque l'on vous parle d'un défi, généralement, la première chose qui vous vient à l'esprit sont tous les inconvénients. Il faut alors parvenir à modifier cette pensée et commencer par considérer le côté des avantages. Gardez espoir et pensez à tout que vous pourrez obtenir une fois ce nouveau challenge réussi.

3.   Vous n'avez rien à perdre

Concentrez-vous sur les expériences que vous allez vivre, sinon vous vous égarerez bientôt. N'oubliez pas que si ce défi ne nuit pas, ni aux autres ni à vous-même, il est important que vous le mettiez en pratique. Il vaut toujours mieux rester avec l'émotion d'avoir essayé, qu'avec le doute de ce qui aurait pu arriver.

4.   Vous aurez beaucoup de nouvelles histoires à raconter

Vous est-il arrivé de rencontrer une personne qui a toujours des anecdotes à raconter ?

Aimeriez-vous être l'une de ces personnes ?

Devenez une source d' inspiration pour les autres, soyez un exemple dans la vie des autres et montrez-leur, par votre exemple, que tout ce qu'ils entreprennent peut se réaliser.

5.   Vous vous sentirez fier de vous

Il n'y a pas de meilleur sentiment que celui du devoir accompli et, une fois au sommet, nous vous assurons que votre perception de vous-même changera, vous vous verrez comme quelqu'un de fort et de capable et ce sentiment de fierté vous poussera à aller de l'avant et à donner tout ce que vous pouvez pour que chaque rêve planifié devienne réalité. Il y a quelque chose que vous devez garder à l'esprit, c'est qu'il est normal d'avoir peur de l'inconnu et bien plus encore, si ce nouveau défi signifie un changement dans votre vie, votre routine ou la façon dont vous avez mené votre vie jusqu'à présent.

Un indicateur qui vous fera prendre le risque sans trop de peur est d'essayer de définir si ce que vous allez faire va vous nuire ou nuire aux autres. Si vous parvenez à percevoir des bénéfices au lieu des nuisances, prenez le risque et concentrez votre énergie sur le fiat de mener à bien ce nouveau projet.

Gardez à l'esprit que, si la peur ou la peur sont des émotions constantes dans votre vie et sont présentes dans toutes les sphères de celle-ci, il est important de demander de l'aide, car il n'est pas positif de vivre ses journées dans la peur de ce qui peut arriver ou avec le fait de sentir que vous voulez faire quelque chose, mais qu'un frein à l'intérieur de vous vous arrête, et ledit frein est dans toute décision que vous décidez de prendre, aussi petite soit-elle.

Chapitre 10 -
Se Libérer Du Regard Des Autres

Vous inquiéter de ce que les autres pensent de vous crée de l'anxiété. Mais ne vous blâmez pas, c'est ce que vous avez appris à faire, et vous l'avez fait pour survivre dans un monde d'humains.

Le défi est maintenant de trouver un moyen d'entrer en relation avec les autres dans lequel vous serez libéré de leurs opinions et où vous pourrez faire et mener votre vie en faisant ce qui est le mieux pour vous.

Il y a un phénomène intéressant dans l'esprit de l'être humain, et c'est de se sentir aux yeux des autres comme s'il y avait un projecteur braqué sur vous, et la certitude de savoir ce que les autres pensent de vous, ce qui entraînera forcément des problèmes.

I/ Pourquoi nous soucions-nous du jugement, des commentaires ou des opinions des autres ?

- Parce qu'un besoin fondamental en tant qu'êtres humains, nés entourés de plus d'êtres humains, est de se sentir accepté et aimé par les autres pour se sentir en sécurité.

- Parce que quand nous étions enfants, nous avons appris qu'un moyen facile pour éviter les conflits ou de gagner l'affection des autres était de ne pas les ennuyer, de leur faire plaisir et de se faire bien voir. C'est pourquoi, à chaque fois que nous ne sommes pas bien vus, nous nous sentons en danger et pensons qu'ils vont cesser de nous aimer.

- Parce que nous générons dans notre esprit des croyances liées au « devrais » et au « je dois ». Par exemple : *« Je dois être jolie et prudente pour être aimée des autres ; je dois me conformer à ce qu'ils me disent pour éviter de causer des problèmes ; je dois être parfait.e pour plaire aux autres ».*

- Parce que nous avons l'habitude de nous montrer aux autres avec des masques différents, selon la personne et l'occasion, bien sûr.

- Parce que quand nous étions enfants et nous faisions quelque chose de spontané, d'insouciant et d'amusant comme montrer notre culotte, les adultes nous disaient « Ne montre pas ta culotte, elle est moche » ; « Si tu chantes à table, tes amies se détourneront pour aller voir d'autres camarades », « Si tu ne rends pas tes devoirs, la prof ne t'aimera plus et tu la décevras » ; « Les autres camarades de classe ne font pas ça, n'est-ce pas ? » et avec cela, nous avons appris à nous comparer aux autres et à arriver à la conclusion que nous devons nous ressembler pour être acceptés.

- En conclusion, nous posons des exigences pour pouvoir recevoir l'acceptation et l'affection des autres. En d'autres termes, je dois être d'une certaine manière, agir d'une certaine manière pour être bien vu, et donc, recevoir leur acceptation et leur affection.

II/ Pour les papas

Portez une attention particulière à toutes les phrases que vous dites à vos enfants concernant le fait de vous comparer aux autres ou d'être comme tout le monde, ou que vous cesserez d'aimer vos enfants ou de les accepter s'ils font ceci ou cela.

S'il vous plaît, arrêtez de le faire et demandez-vous à quel point le comportement de vos enfants vous dérange par peur du jugement des autres.

III/ Comment puis-je me libérer du fait de me sentir mal face au jugement des autres ?

- Vérifiez les croyances que vous avez autour de « Je dois être » ; « Je dois me comporter... » ; « Je dois me montrer ». Demandez-vous si vous devez vraiment faire et être tout ce que vous vous êtes imposé pour être heureux et recevoir l'amour des autres.

- Quand vous êtes persuadé de ce que les autres pensent de vous, demandez-leur et vérifiez avant de sauter à cette conclusion.

- Lorsque vous êtes dans un endroit avec beaucoup de monde et que les yeux sont braqués sur vous, observez objectivement ce que font les autres et réduisez l'intensité de ce sentiment.

- Prenez conscience qu'il vaut mieux que vos amis vous apprécient pour qui vous êtes vraiment, plutôt que de vous voir porter un masque et de vous comporter comme ils voudraient que vous soyez.

- Réalisez à quel point il est fatigant de se comporter comme les autres le veulent, car à chaque occasion ou avec chaque personne il faut changer de costume. C'est trop stressant et vous gaspillerez beaucoup d'énergie à vouloir à tout prix plaire aux autres.

- Rappelez-vous que les jugements que les autres portent sur vous ne sont que le reflet des jugements qu'ils portent sur eux-mêmes, de ce qu'eux-mêmes ne permettent pas et de ce qu'ils rejettent en eux-mêmes.

- Commencez par arrêter de juger ou de critiquer les autres, soyez cohérent, si vous ne voulez pas recevoir de critique ou de jugement, n'en formulez pas non plus.

- Accordez-vous l'acceptation que vous recherchez chez les autres, en approuvant vos goûts, vos actions, vos mouvements, vos gestes et vos paroles parce qu'ils sont les vôtres et que vous les avez choisis.

- Demandez-vous si les autres cesseraient vraiment de vous aimer si vous étiez authentique et que vous vous montriez tel que vous êtes.

- Chaque fois que vous vous sentez jugé par la personne dont le jugement vous blesse le plus, évaluez et notez votre degré de blessure et demandez-vous si vous vous appliqueriez ce jugement à vous-même. Si ce n'est pas le cas alors, qu'importe ?

- Essayez de reconnaître les moments où vous vous sentez jugés avec les moments où vos amis vous apprécient tel que vous êtes et mettez ces deux types de comportements en balance. Vous pourriez vous apercevoir qu'en fait, vous pouvez vous sentir jugé alors que ce n'est pas le cas.

- Osez être différent et authentique, enlevez votre masque et ne jugea pas vos parents s'ils ont, par ignorance, implanté ces croyances en vous.

IV / Décret

Je suis libre d'être comme je suis et je me montre aux autres avec confiance et sécurité.

Rappelez-vous que les relations les plus précieuses sont celles qui sont basées sur une telle honnêteté et transparence, que la vulnérabilité révèle l'amour authentique et réel qui naît de cette relation.

Si vous voulez avoir des relations où vous vous sentez en sécurité parce que vous ne vous montrez que peu, ce seront des relations superficielles et conflictuelles.

Ouvrez-vous et osez entrer en résonance avec des personnes également ouvertes, et vous verrez que la qualité vaut mieux que la quantité.

Chapitre 11 -

Visualiser Ce Que L'on Désire

L'expérience qui consiste à regarder une personne ou à fermer les yeux et de l'imaginer ou, ce qui revient au même, de "visualiser" cette personne, active les mêmes circuits cérébraux que de l'avoir devant soi.

Car pendant que nous pensons, imaginons ou visualisons, nous fabriquons une substance chimique qui nous fera ressentir du bien-être ou un malaise, selon nos pensées.

À ce moment-là, nos émotions seront activées et, finalement, nous vivrons cette pensée de manière réelle.

Le cerveau construit notre expérience de la réalité. C'est un ordinateur puissant qui régit toutes les cellules de notre corps.

Ce que nous guérissons dans le cerveau, nous le guérissons dans notre corps, car notre esprit et notre corps travaillent à l'unisson. Osez changer les schémas mentaux qui vous rendent malade ou qui créent le malheur !

Beaucoup de pensées et d'émotions proviennent du subconscient. Mais notre subconscient agit automatiquement et est incapable de faire la différence entre ce qui est réel et ce qui est imaginaire, ce qui est un problème et, en même temps, une grande ressource de pouvoir personnel.

C'est là que nous gardons toute notre expérience de vie et c'est une grande richesse. Il suffit d'apprendre pour y piocher des éléments positifs.

On y accède lorsque l'on décide de libérer sa conscience des peurs, des doutes et de toutes ces routines négatives qui nous dominent et nous conditionnent.

Nous avons peur de toutes ces pensées négatives, mais il a été scientifiquement prouvé que la loi d'attraction est un génie qui dit qu'une pensée positive est cent fois plus puissante qu'une pensée négative.

Pour réaliser ce que vous voulez être, faire ou avoir, le processus créatif est très simple :

En silence et détendu, créez une image très vivante de ce que vous voulez « comme si vous l'aviez déjà », c'est-à-dire, dans le PRÉSENT, vous sentir en paix, heureux et satisfait de vous-même et de l'environnement pour l'avoir.

Vous devez rendre la pensée plus réelle que tout dans votre environnement. Concentrez-vous sur ce que vous VOULEZ, jamais sur ce que vous voulez éviter.

Il est important de garder cela à l'esprit pour commencer votre pratique de visualisation.

Dès que vous voulez connaître et gérer votre subconscient, sachez qu'il n'accepte que les phrases au présent et à l'affirmatif.

Ainsi, par exemple, pour en venir à votre peur et à toutes les réactions qui y sont associées, inutile de dire : « je voudrais ne pas avoir peur de ».

Vous devez vous dire : « Je suis courageux » (verbe au présent et affirmatif). Plus simple, non ?

Vous devez fortement désirer quelque chose que vous croyez possible.

Lorsque le désir et la croyance sont présents en vous, la réalité se développe rapidement.

Tout doute désactivant la visualisation, il est important de rester concentré et d'être persuadé de ce que vous visualisez. Si vous pouvez rester concentré sur une pensée pendant seulement 68 secondes, la vibration sera suffisamment forte pour qu'elle commence à se manifester dans la vie réelle.

La création mentale de la visualisation est de la pure magie en action, car une image mentale peut devenir réelle.

Einstein a dit que « l'imagination est plus importante que la connaissance ».

I/ Pratiquez deux techniques Hermès pour obtenir ce que vous voulez :

✦ Première technique :

Imaginez sur l'écran de votre esprit votre objectif déjà atteint. Respirez profondément en regardant cette image et en imaginant que l'air qui entre dans vos poumons va faire pénétrer cette image dans chaque cellule de votre corps.

✦ Seconde technique :

Pensez à ce que vous voulez en regardant un verre rempli d'eau, comme si vous cherchiez l'avenir dans une boule de cristal.

L'eau est un merveilleux conducteur que la nature nous a donné pour capter et transmettre les vibrations.

Buvez l'eau en vous sentant comme de l'eau, avec ce désir que vous lui avez transmis. Imaginez qu'elle pénètre, rafraîchit et imprègne chaque cellule de votre corps, à laquelle elle transmet votre désir.

Toutes vos cellules doivent connaître votre désir, rappelez-vous, en PRÉSENT et en POSITIF.

Cela activera leur intelligence afin que, travaillant ensemble et en équipe, elles commencent à construire votre visualisation.

Et, comme tout, c'est une question d'entraînement.

Il ne sert à rien de dire « je n'ai pas d'imagination ». Vous n'avez tout simplement pas éduqué votre esprit à vous obéir.

Commencez par des images simples et matérielles, avant d'essayer de vous concentrer sur quelque chose de plus subtil.

Chapitre 12 -
Réaliser Ce Que L'on Désire

Pour moi, cette expression est largement utilisée par deux types de personnes :

Celles qui vivent (essaient de vivre ou souhaitent) intensément, comme s'il n'y avait pas de lendemain.
Celles qui pensent que si elles dorment un peu plus ou qu'elles ne font rien pendant une journée, perdent leur temps, car une personne qui « vit comme s'il n'y avait pas de lendemain », profiterait de chaque seconde pour « faire quelque chose ».

Après tout, si vous mourez aujourd'hui et que vous n'avez rien fait, il ne vous reste rien.

Les autres personnes, elles, sont convaincues que cette vie est leur seule opportunité de faire les choses qu'elles « doivent faire ». C'est pourquoi votre vie et aujourd'hui doivent être le meilleur moment pour être doué et faire ce que vous êtes censé faire.

En conclusion, les deux groupes croient que c'est la seule opportunité qu'ils auront à faire et à être ce qu'ils sont censés être et faire.

Cela crée beaucoup de pression, car beaucoup d'entre nous traversent la vie sans savoir quel est notre but.

Donc, si vous voyez des gens colériques, courageux, en colère, apathiques, déprimés, tristes, en détresse, etc. Mettez-vous à leur place, si vous pensiez que vous n'avez plus d'opportunités, comment ne pas vivre en étant inquiet ?

Bien sûr, il y a aussi ceux qui utilisent cette expression simplement parce qu'elle est agréable et parce qu'elle dénote le mouvement et « vivre intensément et avec passion », ce qui est quelque chose que nous voulons tous toujours faire.

Après tout, le Mahatma Gandhi lui-même l'a dit :
« Vis comme si tu allais mourir demain… apprends comme si tu allais vivre éternellement ».

Pourquoi je ne me sens pas à l'aise avec cette expression ?

Ma vision est totalement différente puisque je crois que nous avons des centaines, voire des milliers de vies à vivre, c'est pourquoi je ne partage pas l'idée de vivre sous pression en pensant qu'il n'y a pas de lendemain.

Je ne pense pas que cette pensée me permette de profiter davantage de la vie, d'être plus productif ou de tirer davantage parti de ce que je fais.

Je suis pour vivre intensément l'instant présent, qu'aucun jour ne se ressemble, qu'il faut profiter de chaque seconde que l'on vit, oui, à ma manière.

Après tout, vous n'êtes pas à 100 % tous les jours. Il y a des jours où vous voulez simplement rester au lit, rêver et regarder le ciel, parce que vous êtes épuisé, parce que vous ne voulez rien faire.

Quel est le problème ?
Pourquoi ne pas profiter de ces moments aussi ?
Quel mal y a-t-il à ne pas vivre un jour comme si c'était le dernier ?

La grande vérité et ce que beaucoup ne sont pas capables d'admettre, c'est qu'essayer de vivre chaque jour comme si c'était le dernier est épuisant.

Parce que si nous vivions tous comme s'il n'y avait pas de lendemain, les gens ne se battraient pas, ils ne ressentiraient pas d'envie, de ressentiment, de rage ou tout autre sentiment qu'ils croient être "négatifs".

Parce que vivre comme s'il n'y avait pas de lendemain, c'est vivre en paix, vivre dans l'amour et l'harmonie avec tout et avec tous, et soyons honnêtes, on ne peut pas être comme ça tous les jours. Peut-être une semaine, mais à un moment donné, quelque chose d'extérieur va venir mettre la pagaille et tout ira de travers.

Donc mon conseil est d'essayer de vivre la vie comme vous voulez la vivre.
Ne vous inquiétez pas si vous voulez rester au lit toute la journée ou si au contraire, vous voulez parcourir le monde, soyez super productif et réalisez 100 projets en une journée.

Faites ce qui vous rend heureux aujourd'hui et chaque jour de votre vie. Soyez fidèle à vous-même et vous découvrirez sûrement que la vie consiste bien plus à vivre comme vous voulez plutôt que de la vivre comme s'il n'y avait pas de lendemain, car la façon dont vous la vivrez ne dépend de vous.
Bien sûr, profitez des opportunités, riez tant que vous le pouvez, apprenez, soyez heureux, tombez amoureux, lisez, surprenez-vous, faites plaisir, remerciez, enseignez, recevez avec amour, soupirez...
Si chaque jour, vous pouvez faire une partie de cela, et un peu plus, vous vivrez comme s'il n'y avait pas de lendemain. Que vous pensiez que c'est votre seule vie ou qu'il y en a beaucoup d'autres à apprécier.

Comment vivez-vous : comme s'il n'y avait pas de lendemain ou comme si aujourd'hui était le début de votre longue et merveilleuse vie ?

Conclusion

La plupart des gens sont aux prises avec de grands niveaux d'anxiété et de peur et il est tellement rare de voir des niveaux élevés de confiance en soi que les gens remarquent tout de suite la personne qui est en sécurité et bien dans sa peau.

Vous pouvez être cette personne. Même si vous n'en êtes pas encore là, commencez par modeler vos comportements autour des personnes qui ont déjà ce que vous voulez.

Agissez pendant que vous ressentez encore la peur, car si vous attendez qu'elle ait disparu, vous n'agirez jamais. Croyez-moi, vous vous sentirez mieux après.

Recherchez vos faiblesses. Commencez à vous prouver que vous pouvez les gérer et que vous ne reculerez pas.

N'oubliez pas que la plupart des gens sont remplis d'anxiété et de doutes sur eux-mêmes. Ne faites pas comme eux !

Si vous voulez activer une extrême confiance en vous et éliminer l'anxiété et la peur, alors commencez à vivre une nouvelle vie avec de nouveaux comportements qui rendront cela possible.

Enfin, devenir confiant n'est pas un processus qui apparaît du jour au lendemain ; ça prend du temps. Mais en suivant chaque jour les conseils ci-dessus, vous pouvez développer une confiance qui vous propulsera vers vos objectifs. Tout le monde éprouve des problèmes de confiance à certains moments de sa vie et c'est parfaitement normal.

Printed in Great Britain
by Amazon

82550709R00068